STAR WARS
LES SCÈNES CULTES

JASON FRY

SOMMAIRE

PRÉSENTATION DU LIVRE

Star Wars Les scènes cultes raconte toute l'histoire (à ce jour) de *Star Wars*. S'ouvrant sur l'Épisode I pour s'achever avec l'Épisode VI, ce livre revisite les meilleurs moments des films, grâce à des images étonnantes illustrant les scènes clés et à des textes qui détaillent les péripéties de l'intrigue, ses surprises et ses secrets. Des encadrés livrent des informations sur les coulisses, et des notices mettent en avant les personnages, les véhicules, les sites et les droïdes à l'occasion de leur première apparition dans la série.

DANS LES COULISSES

- Les encadrés de couleur comme celui-ci apportent des précisions sur les coulisses des films *Star Wars*. Ils posent un regard fascinant sur les sites, les acteurs et les effets spéciaux qui ont permis la création des six Épisodes de la saga.

INTRODUCTION

IL Y A BIEN LONGTEMPS, DANS UNE GALAXIE LOINTAINE, TRÈS LOINTAINE...

La vie crée et alimente le mystérieux champ d'énergie qu'on appelle la Force, qui entoure et lie entre elles toutes les composantes de l'Univers. La plupart des êtres vivants n'ont pas conscience de son existence, mais quelques-uns la perçoivent et travaillent avec elle afin de réussir d'étonnantes prouesses.

Durant mille générations, les Chevaliers Jedi ont défendu la belle République galactique en utilisant la Force au service de la connaissance et de la paix. Mais la République s'est affaiblie, minée par la corruption politique, et trop de Jedi ont manqué de vigilance. Ils ignorent que leurs ennemis de toujours – l'ordre maléfique des Sith, qui exploite le côté obscur de la Force – s'acharnent à ruiner tout ce que les Jedi protègent depuis si longtemps.

Ce récit décrit la façon dont les Sith ont pris leur revanche en anéantissant les Jedi pour transformer la République en un Empire galactique voué au mal. C'est aussi l'histoire du plus puissant des Jedi : Anakin Skywalker, l'Élu dont une prophétie annonçait qu'il allait rétablir l'équilibre dans la Force.

Elle explique comment Anakin fut séduit par les ténèbres au point d'y sombrer en devenant Darth Vader, le serviteur des Sith. Mais c'est également l'histoire des jumeaux cachés d'Anakin : sa fille Leia, qui mène le combat pour la restauration de la République, et son fils Luke, dont le destin est de rallumer la flamme des Jedi et de racheter son père déchu.

Au cours de leurs aventures, Luke et Leia croiseront des amis et des adversaires remarquables. Les contrebandiers Han Solo et Chewbacca prennent part à la lutte contre les sinistres sbires de l'Empire, les Jedi en exil Yoda et Obi-Wan Kenobi s'efforcent de faire échouer les plans des Sith, et les braves droïdes C-3PO et R2-D2 tirent leurs maîtres des pires ennuis. Luke et Leia doivent vaincre les stormtroopers sans visage, échapper à la cupidité de seigneurs du crime tel Jabba le Hutt, pour finalement se mesurer à Darth Sidious, le mystérieux Seigneur Sombre des Sith qui a détruit la République pour fonder son Empire. L'histoire des Skywalker est aussi la saga de la galaxie, dans laquelle le sort de millions de planètes est en jeu.

LE COMPLOT

LA FÉDÉRATION DU COMMERCE

a mis sous embargo la paisible planète Naboo, faisant d'un simple conflit commercial une crise politique majeure pour la République. Devant l'immobilisme du sénat, le chancelier suprême Valorum envoie deux Jedi, Qui-Gon Jinn et son apprenti padawan Obi-Wan Kenobi, résoudre discrètement le différend. Mais les Jedi ignorent que la Fédération est en fait contrôlée par le Seigneur Sith Darth Sidious, et que le blocus de Naboo fait partie d'un plan visant à renverser la République.

MISSION SECRÈTE
Qui-Gon exige de parler au vice-roi neimoidien Nute Gunray et se pose dans le vaisseau amiral de la Fédération, convaincu que Gunray va se montrer raisonnable et que la crise sera résolue.

"Les négociations ne dureront pas."
QUI-GON JINN

Le sabre-laser d'Obi-Wan est inspiré de celui de Qui-Gon.

PERSONNAGES CENTRAUX

Qui-Gon Jinn

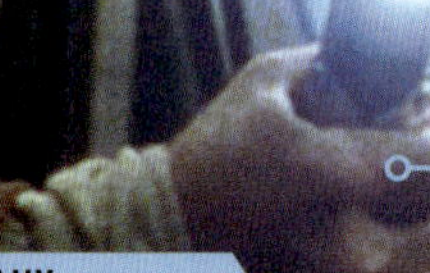
Obi-Wan Kenobi

Nute Gunray

Rune Haako

Darth Sidious

Daultay Dofine

« TUEZ-LES IMMÉDIATEMENT ! »
Tandis que Qui-Gon et Obi-Wan patientent, les Neimoidiens contactent Sidious. Le Seigneur Sith leur ordonne de tuer les Jedi et d'envahir Naboo.

CHASSE AUX JEDI
Les Neimoidiens tentent de tuer les Jedi avec un gaz toxique, mais le tandem parvient à s'enfuir et essaie de rejoindre la passerelle du navire, avant d'être pourchassé à travers le vaisseau par des droïdekas.

VÉHICULES

Cargo de la Fédération

Croiseur de la République

TC-14 ignore tout des plans de ses maîtres.

EN FAMILLE

- La célèbre actrice écossaise Lindsay Duncan est la voix de TC-14. Son époux, Hilton McRae, joue un pilote d'A-wing dans l'Épisode VI.
- Ewan McGregor, qui incarne Obi-Wan, est le neveu de Denis Lawson, qui jouait Wedge Antilles dans les Épisodes IV à VI.

DROÏDES

Droïde de combat

Droïdeka

SITE

Naboo

L'INVASION DE NABOO

SUR ORDRE de Darth Sidious, la Fédération du Commerce bloque les communications vers Naboo et dépose sur la verte planète une armée de droïdes et du matériel de guerre. À l'approche des engins, des créatures s'enfuient en tous sens. Qui-Gon et Obi-Wan se sont glissés dans une barge de débarquement, décidés à atteindre Theed, la capitale, afin d'alerter la reine de Naboo, Amidala. En chemin, ils reçoivent l'aide inattendue d'un Gungan en exil, Jar Jar Binks, que Qui-Gon a secouru.

FORCES D'INVASION
Depuis leur cachette, Qui-Gon et Obi-Wan voient les droïdes de combat monter à bord de vastes barges, direction Naboo.

PERSONNAGES CENTRAUX

Padmé Amidala — Jar Jar Binks — Le capitaine Panaka — Sabé

L'ikopi est un mammifère dont la longue langue lui permet d'atteindre les branches les plus élevées.

LIAM LE SOLITAIRE

- Le seul personnage ayant une existence matérielle dans cette scène est l'acteur Liam Neeson.

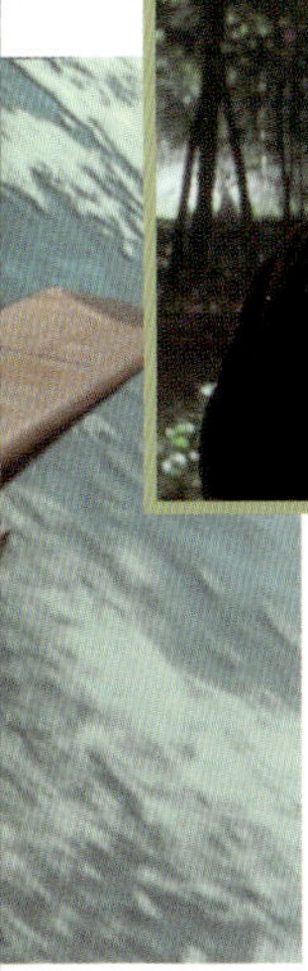

L'ARRESTATION D'AMIDALA

Les habitants de Naboo sont impuissants face aux droïdes de la Fédération du Commerce. Gunray entre triomphalement dans Theed et tente de forcer la reine à signer un traité injuste.

UNE RENCONTRE FORTUITE

Fuyant les engins de la Fédération du Commerce, Qui-Gon sauve un Gungan terrorisé, Jar Jar Binks. En témoignage de sa reconnaissance, celui-ci propose de conduire les Jedi à son peuple, qui vit dans une cité sous-marine, Otoh Gunga.

"C'est le bruit que font des milliers d'horribles choses qui sont en train d'approcher."

QUI-GON JINN

Chaque Transport Multi-Troupes (TMT) emporte 112 droïdes de combat.

VÉHICULES

TMT

STAP

Barge

SITE

Theed

ATTAQUE SOUS-MARINE

JAR JAR BINGS conduit les Jedi à la cité sous-marine d'Otoh Gunga, où Qui-Gon demande au chef des Gungans, Boss Nass, son aide contre l'armée droïde. Nass refuse car son peuple aquatique n'aime pas les humains qui habitent Naboo, mais il donne quand même aux Jedi un submersible bongo. Jar Jar sera leur navigateur. Ça n'est pas vraiment un cadeau : Nass sait que Jar Jar cause souvent des accidents, et la route vers Theed est peuplée de créatures redoutables, capables de dévorer leur vaisseau.

AU CŒUR DE LA PLANÈTE
Boss Nass déclare aux Jedi que le chemin le plus court pour Theed passe par le centre de Naboo, qui est truffé de tunnels. Aussitôt Jar Jar panique : de nombreux prédateurs marins ont leur tanière dans ces profondeurs obscures.

PERSONNAGES CENTRAUX

Boss Nass

Le capitaine Tarpals

SITE

Otoh Gunga

"Il y en a toujours un pour manger l'autre."

QUI-GON JINN

Les bongos sont construits à la fois en matériaux organiques et mécaniques.

SUR LA LANGUE

Jar Jar avait raison : un opee tueur repère le sous-marin, l'attrape avec sa langue et commence à l'attirer à lui.

MONSTRES DES PROFONDEURS

L'opee tueur est bientôt la proie d'un aqua-monstre sando, puissant prédateur des abysses de Naboo. Par chance, le sando s'arrête pour dévorer un colo griffu. Le sous-marin en profite pour lui échapper.

VÉHICULE

Bongo

FUMÉE SANS FEU

- Afin de simuler le milieu marin, les réalisateurs ont filmé une maquette dans un local rempli de fumée.
- Le nom d'Otoh Gunga n'est jamais employé dans le film, où la ville est appelée "la cité gungane".

Le colo immobilise sa proie dans ses mâchoires.

CRÉATURES

Tueur opee

Colo griffu

Aqua-monstre sando

LA REINE EST LIBRE.

LES JEDI atteignent Theed à temps pour délivrer la reine Amidala et ses dames de compagnie des droïdes de combat de la Fédération du Commerce. Qui-Gon prie la souveraine de l'accompagner sur Coruscant, la capitale de la République. La reine accepte après avoir consulté Padmé, sa suivante. Qui-Gon et Obi-Wan parviennent à décoller à bord de la nef royale, mais ils ne seront en sécurité qu'après avoir échappé aux vaisseaux de guerre de la Fédération, stationnés dans l'orbite de Naboo.

DES FOULES DE DROÏDES
Les droïdes de combat triomphent de leurs adversaires en les submergeant par leur nombre, mais les sabres laser des Chevaliers Jedi ont tôt fait de se débarrasser de leurs ennemis mécaniques.

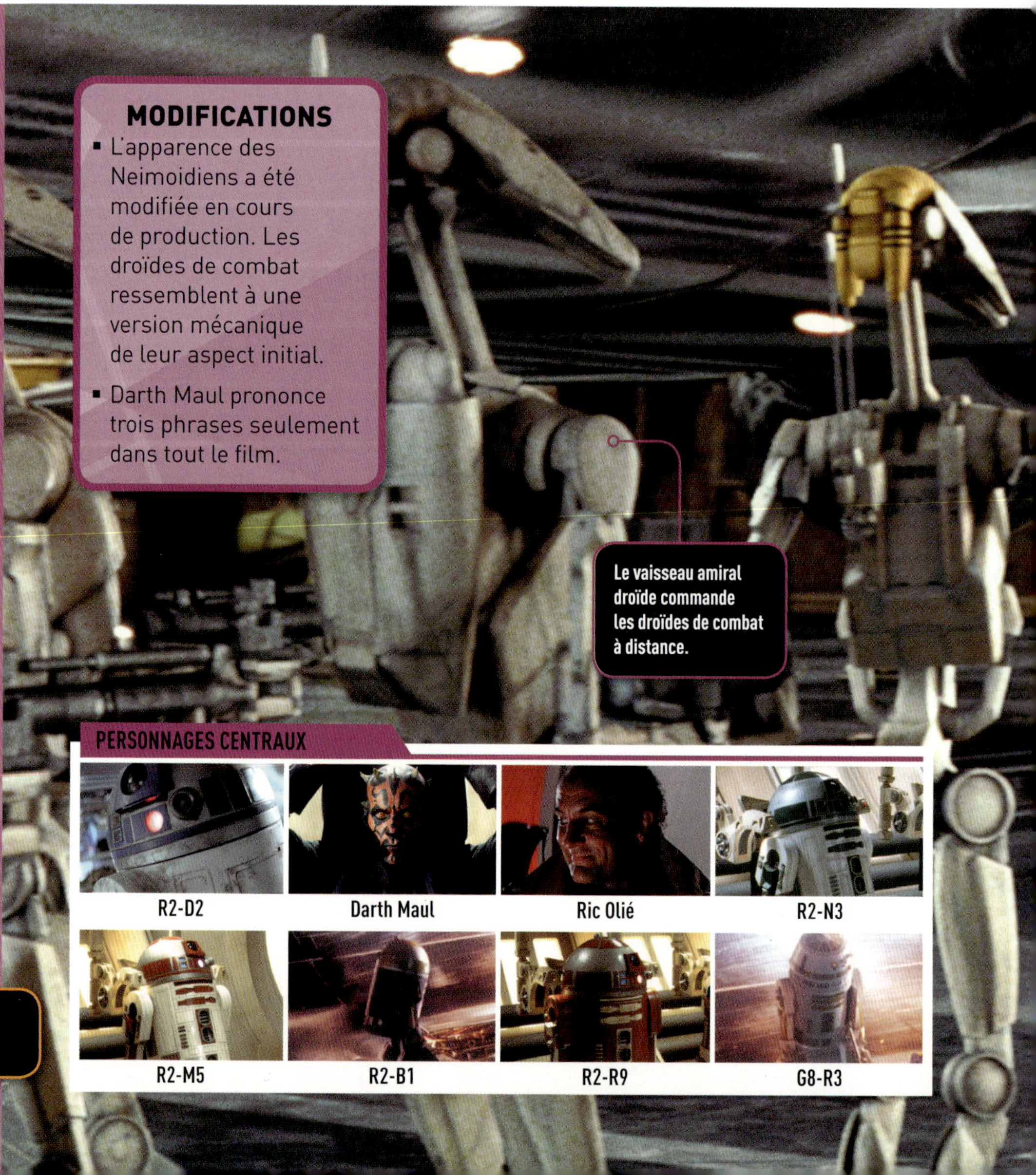

MODIFICATIONS

- L'apparence des Neimoidiens a été modifiée en cours de production. Les droïdes de combat ressemblent à une version mécanique de leur aspect initial.
- Darth Maul prononce trois phrases seulement dans tout le film.

Le vaisseau amiral droïde commande les droïdes de combat à distance.

PERSONNAGES CENTRAUX

R2-D2 | Darth Maul | Ric Olié | R2-N3
R2-M5 | R2-B1 | R2-R9 | G8-R3

ASTROMECHS POUR CIBLES

Le vaisseau de la reine franchit le blocus, mais il est touché par les navires de guerre. Les droïdes astromechs tentent de réparer sous le feu adverse. R2-D2 y parvient, et le bâtiment peut s'enfuir.

APPRENTI DES TÉNÈBRES

Darth Sidious convoque son apprenti Sith, Darth Maul, et le charge de retrouver le vaisseau d'Amidala.

"Je vous arrête !"

UN DROÏDE DE COMBAT

SITE

Palais royal de Theed

VÉHICULE

Nef royale de Naboo

L'une des suivantes se montre très attentive au cours des événements.

LA LIBERTÉ À L'ARRIVÉE

LE VAISSEAU de la reine étant trop endommagé pour atteindre Coruscant, Qui-Gon met le cap sur Tatooine, une planète désertique dirigée par des criminels hutts. Il trouve les pièces nécessaires chez un ferrailleur, où il fait la connaissance d'un jeune esclave du nom d'Anakin Skywalker. La Force est puissante chez l'enfant, et Qui-Gon imagine un plan pour obtenir les pièces gratuitement et libérer Anakin. Pour ce faire, le garçon devra remporter la dangereuse course de Boonta Eve mais à ce jour, il n'a jamais réussi à terminer une épreuve...

LE TALENT ET LA FORCE
Anakin conduit Qui-Gon, Padmé, Jar Jar et R2-D2 chez sa mère, Shmi. Qui-Gon est persuadé que c'est la Force qui a voulu sa rencontre avec Anakin.

DROÏDES

Droïde d'alimentation

Droïde de stand

"Ce garçon a vraiment quelque chose."
QUI-GON JINN

SITES

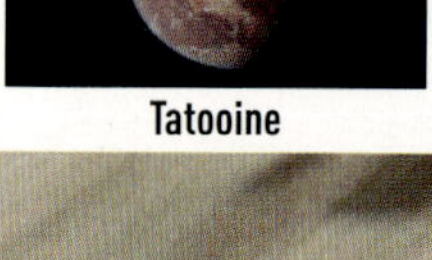

Tatooine

L'arène de Mos Espa

UNE FOULE EN COTON

- Dans l'arène de Mos Espa, la foule est un mélange d'acteurs, de personnages infographiés et de cotons-tiges peints qui occupent les rangs les plus élevés.

LA BOONTA EVE

Qui-Gon fait un pari : si Anakin gagne la course de podracers, Watto lui fera cadeau des pièces et affranchira le garçon. Watto est sûr de lui car il a misé gros sur Sebulba, un pilote sans scrupules.

VICTOIRE !

Seuls Anakin et Sebulba restent en lice. Dans le dernier tour, le podracer de Sebulba se disloque, et Anakin franchit la ligne d'arrivée en vainqueur.

Les moteurs de Sebulba ne sont pas homologués, et à l'insu des arbitres son podracer comporte des armes interdites.

VÉHICULE

Podracer

PERSONNAGES CENTRAUX

Anakin Skywalker

Watto

Shmi Skywalker

Sebulba

C-3PO

Jabba le Hutt

L'ADVERSAIRE VENU DES TÉNÈBRES

BIEN QU'IL SOUFFRE d'être séparé de sa mère, Anakin accepte de suivre Qui-Gon sur Coruscant pour recevoir la formation d'un Jedi. Tous deux quittent Mos Espa pour rejoindre Obi-Wan et les autres à bord du vaisseau de la reine. Mais Darth Maul, grâce à ses droïdes sondes, a pisté l'appareil jusqu'à Tatooine et retrouvé les Jedi. L'apprenti de Sidious enfourche son speeder pour aller attaquer Qui-Gon. Il brûle de venger les Sith, que leur défaite a autrefois forcés à cacher leur existence à la République.

ADIEUX DÉCHIRANTS
Qui-Gon essaie d'obtenir la libération de Shmi avec celle d'Anakin, mais Watto refuse. Soucieuse que son fils connaisse une vie meilleure, elle le convainc de partir sans se retourner. Anakin accepte, le cœur brisé.

LA FORCE DU SITH

- En tant que gymnaste et expert en arts martiaux, l'acteur Ray Park a aidé à la création du style de Maul.
- Par sécurité, les cornes de Maul étaient en caoutchouc pour éviter les blessures.

Les sondes DRK-1 peuvent localiser des individus.

"À mon avis, il est à la recherche de la reine."
QUI-GON JINN

DUEL DANS LE DÉSERT
Quand ses droïdes repèrent Qui-Gon, Maul se précipite, contraignant le Jedi à défendre sa vie face à un adversaire habile.

LA RENCONTRE
Suite à son duel épuisant, Qui-Gon s'échappe en sautant sur la rampe du vaisseau de la reine. Là, il présente Anakin à Obi-Wan. Cette rencontre aura des conséquences gigantesques pour toute la galaxie...

Ces tatouages sont habituels sur Dathomir.

DROÏDE

Droïde sonde Sith

CRÉATURE

Eopie

VÉHICULES

Le Scimitar (Infiltrateur Sith)

Le Bloodfin (speeder Sith)

INTRIGUES AU SÉNAT

SUR CORUSCANT, la reine Amidala rencontre le sénateur de Naboo, Palpatine. Il lui apprend que la bureaucratie et la politique rendent le chancelier Valorum, qui est un ardent défenseur de Naboo dans la crise actuelle, incapable d'agir. Palpatine suggère à Amidala de réclamer une motion de censure à l'encontre de Valorum, ce qui entraînera l'élection d'un nouveau chancelier plus puissant. La reine répugne à trahir un ami, mais elle est de plus en plus inquiète pour sa planète et méfiante envers le sénat.

DEVANT LE SÉNAT
Conseillée par Palpatine, Amidala raconte au sénat comment la Fédération du Commerce a envahi Naboo. Elle espère que l'assemblée va obliger les envahisseurs à renoncer à leur coup de force.

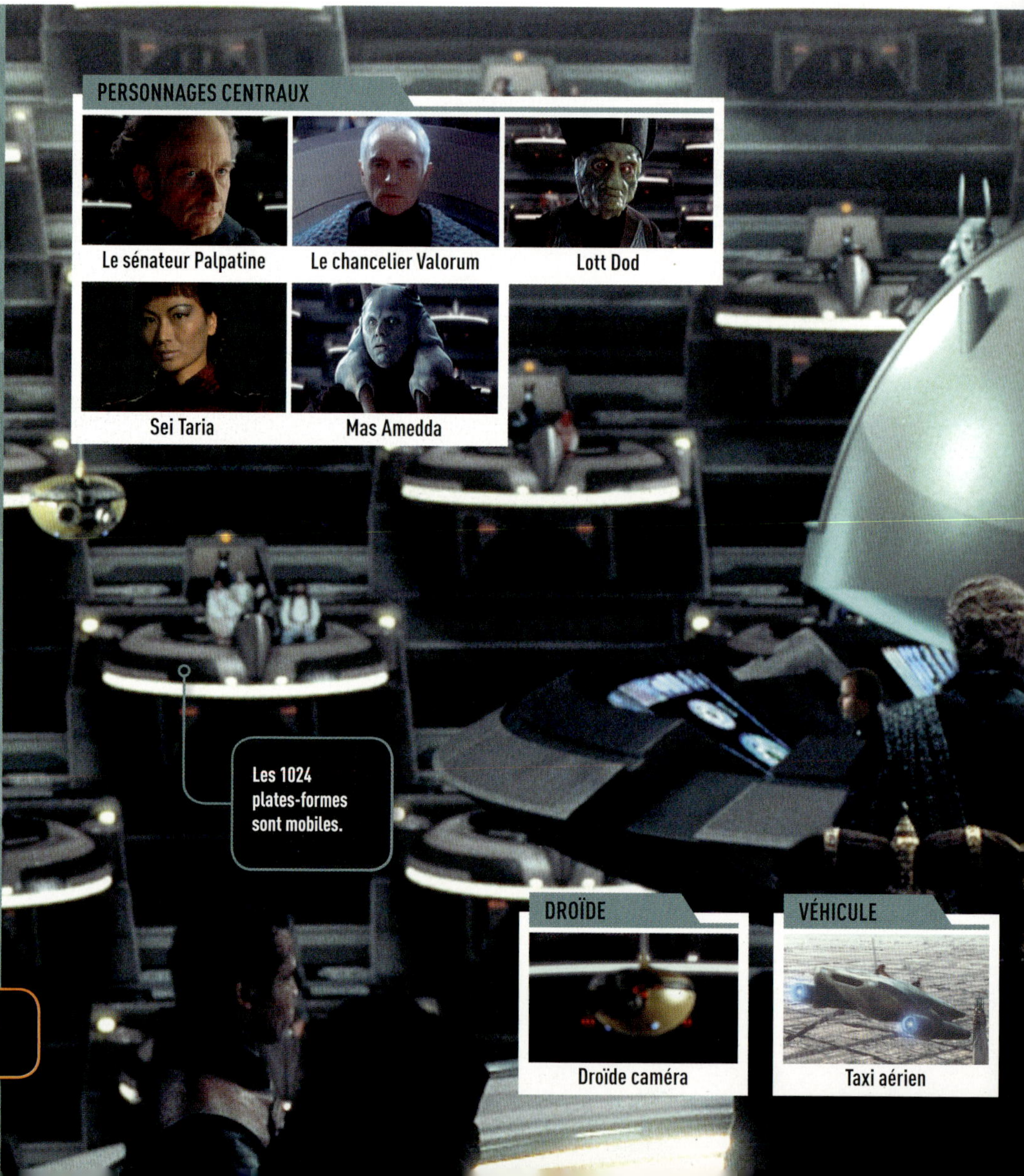

Les 1024 plates-formes sont mobiles.

PERSONNAGES CENTRAUX

Le sénateur Palpatine

Le chancelier Valorum

Lott Dod

Sei Taria

Mas Amedda

DROÏDE

Droïde caméra

VÉHICULE

Taxi aérien

OBJECTION !
Pour la Fédération du Commerce, Lott Dodd suggère que le sénat nomme une commission pour vérifier les propos d'Amidala. La reine est désespérée.

CRISE AU SOMMET
Suivant le conseil de Palpatine, Amidala réclame une motion de censure. La République va élire un nouveau chancelier — qui sera-t-il ?

Le podium de Valorum s'élève depuis ses bureaux.

"On ne m'a pas élue pour que je laisse mon peuple souffrir et mourir pendant que vous discutez de cette invasion en commission."
LA REINE AMIDALA

TÉLÉPHONE MAISON !

- On peut apercevoir quelques sénateurs de la même espèce que la créature du film *E.T. l'extraterrestre* (1982).
- Bail Organa d'Alderaan, qui est interprété par Jimmy Smits dans les Épisodes II et III, a été coupé de cette séquence.

SITES

Coruscant

Le sénat galactique

La Chambre du sénat

DEVANT LE CONSEIL JEDI

QUI-GON relate au Conseil Jedi les événements de Naboo et décrit le guerrier Sith qu'il a affronté sur Tatooine. Les Jedi ne croient pas que les Sith soient de retour, et ordonnent à Qui-Gon et Obi-Wan de raccompagner Amidala sur sa planète. Qui-Gon déclare qu'Anakin est l'Élu, dont la prophétie dit qu'il rétablira l'équilibre dans la Force. Persuadé que la Force a voulu leur rencontre, Qui-Gon veut former Anakin. Yoda et Mace Windu acceptent de tester l'enfant, bien qu'ils doutent qu'il soit sage d'en faire un Jedi.

HISTOIRES DE SITH
Les Jedi pensent que les Sith ayant été vaincus voilà mille ans, l'assaillant de Qui-Gon n'en était pas un. Ils demandent à Qui-Gon et Obi-Wan de veiller sur Amidala pendant qu'ils se concertent.

Anakin est trop âgé. Les Jedi intègrent l'Ordre dès la prime enfance.

"Cet enfant est dangereux. Ils le sentent tous. Pourquoi pas vous ?"
OBI-WAN KENOBI

SITES

Le Temple Jedi

La Chambre du Conseil

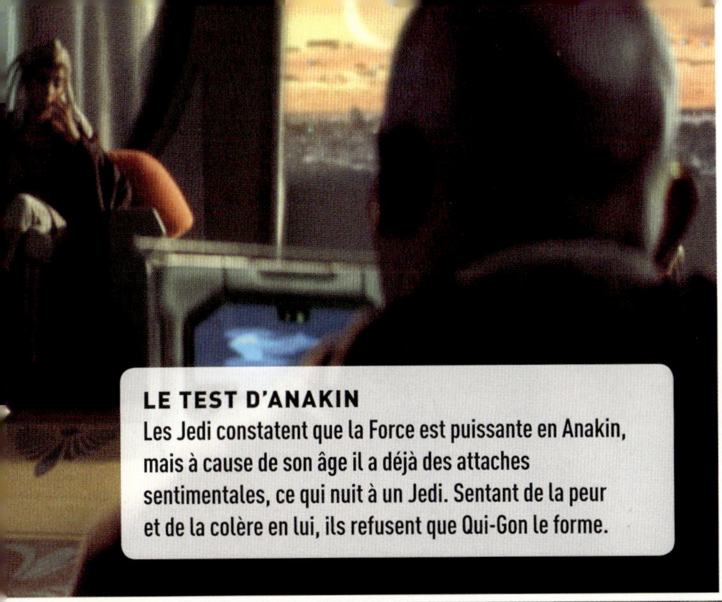

LE TEST D'ANAKIN

Les Jedi constatent que la Force est puissante en Anakin, mais à cause de son âge il a déjà des attaches sentimentales, ce qui nuit à un Jedi. Sentant de la peur et de la colère en lui, ils refusent que Qui-Gon le forme.

UN DÉFI AU CONSEIL

Qui-Gon refuse d'écouter le Conseil et Obi-Wan, qui trouvent qu'Anakin représente un danger. Qui-Gon obéira à la volonté de la Force, comme il l'a toujours fait, car il sait qu'Anakin est destiné à devenir un Jedi.

PERSONNAGES CENTRAUX

Yoda

Mace Windu

Ki-Adi-Mundi

Plo Koon

Saesee Tiin

Adi Gallia

DE LA HAUTEUR

- Ce décor a été construit à une hauteur de 1,80 m au-dessus du sol car plusieurs Jedi, dont Yoda, étaient des marionnettes actionnées par en-dessous.

C'est Yoda qui occupe le poste le plus élevé parmi les 12 Jedi.

EN QUÊTE D'ALLIÉS

AMIDALA RETOURNE sur Naboo, bien que Qui-Gon l'ait avertie : les Jedi peuvent la protéger mais pas se battre en son nom. Elle demande à Jar Jar de la conduire aux Gungans qui se cachent dans un site secret des marais. Boss Nass refuse la demande d'alliance de la reine, mais il est surpris quand une dame de compagnie, nommée Padmé, s'avance. Padmé avoue être la vraie reine – l'autre étant une doublure en cas de danger –, puis elle s'agenouille humblement. Touché, Nass accepte d'entrer en guerre contre les droïdes.

REQUÊTE ROYALE
Les Gungans jugent les humains de Naboo arrogants et égoïstes, mais l'humilité de Padmé prouve à Nass qu'ils peuvent s'unir.

SITE

Le sanctuaire des Gungans

Les têtes de pierre du sanctuaire des Gungans ont plusieurs siècles.

“Nous sommes vos humbles serviteurs.”
PADMÉ AMIDALA

RASSEMBLER UNE ARMÉE
Padmé demande à l'armée gungane de retenir les droïdes afin qu'elle puisse pénétrer dans Theed et capturer Nute Gunray, tandis que les chasseurs attaqueront le vaisseau amiral droïde pour neutraliser l'armée mécanique.

LES ORDRES DU SEIGNEUR SOMBRE
Quand il apprend que les Gungans sont en marche, la hardiesse d'Amidala surprend Darth Sidious. Il ordonne à Darth Maul et Nute Gunray d'anéantir l'armée gungane.

Les oreilles des Gungans traduisent leurs émotions.

UN VISAGE CONNU

- La doublure de Padmé, Sabé, est jouée par l'actrice britannique Keira Knightley, vedette de la trilogie *Pirates des Caraïbes*.

VÉHICULE

Flash speeder

LA BATAILLE DE NABOO

LES GUNGANS ÉMERGENT. des marais, chevauchant leurs kaadus à l'abri des boucliers d'énergie transportés sur le dos des imposants fambaas. Jar Jar et son copain de toujours le capitaine Tarpals figurent parmi les chefs des Gungans qui progressent dans les Grandes Plaines. Face à eux se dresse l'armée droïde de Nute Gunray, qui a quitté Theed et débarque d'imposants TMT.
Les droïdes armés de fusils laser avancent vers les boucliers de protection des Gungans. Ainsi commence la bataille de Naboo !

PRÉSENTEZ ARMES !
Les Gungans sont des guerriers efficaces. Leur infanterie projette ses boules d'énergie plasmatique et la cavalerie brandit ses doubles-lances d'énergie, selon les ordres émis par des tambours et des cornes.

"Là, noussa avoir mal..."
LE CAPITAINE TARPALS

PAS SI LOIN !

- Cette scène a été tournée près de Livermore, en Californie. Le décor a ensuite été retouché pour paraître moins terrestre.
- Les sons des kaadus ont été créés à partir de cris de cochons et de souffles de baleines.

Le bouclier est tenu à la main ou attaché au bras.

MENACE TECHNOLOGIQUE
L'artillerie de la Fédération ayant échoué à abattre les boucliers gungans, les droïdes de combat sortent des TMT.

TENIR BON
Les droïdes traversent les boucliers gungans et visent les générateurs sur le dos des fambaas. Chaque soldat gungan allume son bouclier portatif et se prépare au combat rapproché.

SITE

Les Grandes Plaines

CRÉATURES

Kaadu

Fambaa

Falumpaset

JEDI CONTRE SITH

TANDIS QUE l'armée droïde affronte les Gungans, Padmé, les Jedi et des membres des forces de sécurité de Naboo pénètrent dans Theed afin de capturer Nute Gunray. Dans le hangar royal, ils éliminent des droïdes de combat pour que les pilotes de chasse puissent décoller et aller attaquer le vaisseau amiral droïde. Anakin, lui, s'est refugié dans le cockpit d'un appareil. Soudain Darth Maul entre dans le hangar, armé de son double-sabre laser. Qui-Gon et Obi-Wan allument le leur et avancent en direction du guerrier Sith tatoué.

AU SERVICE DU CÔTÉ OBSCUR
Maul a consacré sa vie à apprendre à contrôler sa rage pour mieux utiliser la puissance du côté obscur de la Force. Assoiffé de revanche contre les Jedi, il brûle d'impatience de se mesurer à eux.

Sachant qu'il ne peut rivaliser avec l'énergie de Maul, qui est plus jeune que lui, Qui-Gon s'apaise pour mieux se concentrer sur la Force.

DUEL À TROIS
Qui-Gon et Obi-Wan tentent d'encercler Maul, coordonnant leurs assauts pour percer sa défense. Mais Maul leur tient tête, tout en vitesse et en puissance, et le combat s'intensifie.

DIVISER POUR VAINCRE
Maul attire les Jedi dans le générateur de Theed, où l'habile guerrier s'efforce de séparer Qui-Gon de son padawan.

Jeune et impétueux, Obi-Wan a hâte de triompher du Sith.

SITE

Le générateur de Theed

QUE DE SABRES !

- Les lames des sabres laser étaient en aluminium, et 300 furent utilisées lors du tournage de l'Épisode I.
- La poignée du sabre laser mesure de 24 à 30 cm et pèse approximativement un kilogramme.

"Laissez-nous régler ça."
QUI-GON JINN

LA RECONQUÊTE DU PALAIS

TANDIS QUE les Jedi affrontent Maul, Padmé, ses dames de compagnie et le capitaine Panaka progressent dans le palais jusqu'à la salle du trône et Nute Gunray. Padmé et sa doublure Sabé se séparent pour mieux combattre les défenseurs de Gunray le long des élégants halls de marbre. En capturant Gunray, Padmé espère mettre un terme à l'occupation de Naboo par la Fédération du Commerce et obliger le vice-roi à signer un nouveau traité — et lui faire payer les crimes qu'il a commis contre la paisible planète.

PLUS HAUT !
Pour échapper aux droïdes de combat, le commando de Padmé brise une fenêtre et utilise ses blasters ascensionnels pour s'élever d'un étage, évitant ainsi un bataillon de droïdes qui protègent le vice-roi.

PERSONNAGES CENTRAUX

Eirtaé

Rabé

VÉHICULE

Speeder Gian

Étant responsable de la sécurité de la reine, Panaka dirige la Garde Royale, la Garde du Palais et la Chasse Spatiale.

POURSUITES
Pour leurrer leurs adversaires, Padmé et Panaka se séparent de Sabé, habillée comme la reine. Les droïdes doivent pourchasser les deux groupes.

ENCERCLÉS !
Le groupe de Padmé est encerclé dans la salle du trône. Quand Gunray voit Sabé, il la prend pour la vraie reine et lance le gros de ses troupes contre elle. Padmé en profite pour le capturer.

DUEL ROYAL

- Les scènes du palais furent tournées en Italie du Sud au palais de Caserte, bâti au XVIIIe siècle.
- Dans cette scène, le blaster de Padmé fait le bruit d'un .44 Magnum.

Comme nombre de diplomates et dignitaires, l'arme préférée de Padmé est un pistolet ELG-3A, léger mais puissant.

"Il nous faut à tout prix réussir à le capturer. Tout le reste en dépend."
PADMÉ AMIDALA

LE GÉNÉRAL GUNGAN

DANS LES GRANDES PLAINES, les droïdes de combat de la Fédération du Commerce enfoncent les lignes de l'armée gungane. Quand des tanks et des droïdekas se joignent aux soldats mécaniques pour capturer les Gungans en déroute, Jar Jar Binks et le capitaine Tarpals se retrouvent vite encerclés. Jar Jar se rend sur-le-champ, à la consternation de son ami. Mais à peine a-t-il levé les mains que les droïdes se figent, soudain désactivés et inoffensifs !

SAUVE QUI PEUT !
Une fois le générateur de bouclier éteint, les tanks arrivent, pourchassant les Gungans et leurs montures.

HOMMAGE À *THX*
- Le chiffre 1138 sur un droïde de combat est une allusion à THX 1138, le premier long-métrage réalisé par George Lucas.

Quand le vaisseau amiral droïde cesse d'émettre son signal, les droïdes de combat s'éteignent tous.

AU SECOURS D'UN AMI

Le capitaine Tarpals se précipite avec une boule de plasma. Jar Jar s'en sert pour court-circuiter le tank, mais les droïdes de combat encerclent les Gungans. Il faudrait un miracle — or, voilà qu'au même moment la chasse de Naboo détruit le vaisseau amiral droïde. Qui peut bien être le pilote héroïque ?

À CHEVAL SUR UN CANON

Sans surprise, Jar Jar a encore une fois des ennuis ! Par pure chance, il réussit à détruire nombre de droïdes de combat, avant de se retrouver agrippé au canon d'un char de la Fédération du Commerce !

"Eussa zibouillés !"

JAR JAR BINKS

Les moustaches du capitaine Tarpals sont un signe de maturité chez les Gungans.

VÉHICULE

Tank TAB

LE HÉROS INATTENDU

PENDANT LE RAID des Jedi au palais de Theed, Anakin a la bonne idée de se cacher dans le cockpit d'un chasseur, puisque ainsi il peut abattre des droïdekas qui menaçaient ses amis. Mais par mégarde il enclenche le pilote automatique, ce qui propulse son appareil dans l'espace. Incapable de faire demi-tour, Anakin prend part au combat qui oppose les pilotes d'Amidala aux chasseurs droïdes de la Fédération du Commerce. C'est encore plus amusant qu'une course de modules, et il a obéi à Qui-Gon : « Reste dans ce cockpit ! »

UN JEU DANGEREUX
Tandis que R2-D2 lance des bips effarés, Anakin essaie de comprendre le maniement de son appareil. Grâce à ses connaissances et avec l'aide de la Force, il survivra au combat aérien au-dessus de Naboo.

BRAVO, JOHN !
- Dans cette scène, le superviseur des effets visuels, John Knoll, est Bravo 4.
- 3 000 garçons ont été auditionnés pour le rôle d'Anakin.

Le cas que porte Anakin appartient à Essara Till (Bravo 7).

DANS LE VENTRE DE LA BÊTE
Touché par un chasseur droïde, Anakin perd le contrôle de son appareil et plonge dans le hangar du vaisseau amiral droïde. Ses moteurs s'éteignent, et des droïdes de combat se ruent sur lui.

COUP AU BUT
En visant des droïdes, Anakin touche le réacteur principal du vaisseau amiral droïde, provoquant la destruction du navire.

PERSONNAGES CENTRAUX

Porro Dolphe (Bravo 2)

Arven Wendik (Bravo 3)

Rya Kirsch (Bravo 4)

Dineé Ellberger (Bravo 5)

VÉHICULES

Chasseur naboo

Vaisseau amiral droïde

DROÏDE

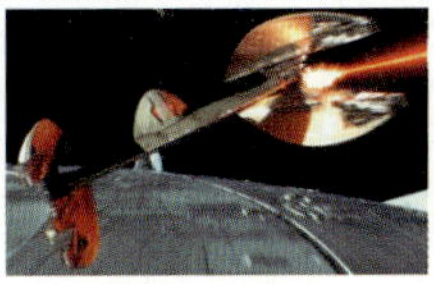
Droïde-vautour

"Je vais essayer de me mettre en vrille, c'est le coup classique !"
ANAKIN SKYWALKER

Sur un écran du chasseur d'Anakin apparaît la traduction des bips de R2-D2, ce qui leur permet de communiquer.

À LA FORCE DU SABRE LASER

CEPENDANT, au palais de Theed, Darth Maul parvient à séparer Qui-Gon et Obi-Wan. Sous le regard horrifié du second, bloqué par un mur laser, Maul prend le dessus sur son maître et blesse mortellement Qui-Gon. Il neutralise ensuite Obi-Wan, qu'il désarme et laisse suspendu au-dessus d'un gouffre insondable. Maul jubile, mais son arrogance le perdra : grâce à la Force Obi-Wan s'empare du sabre laser de Qui-Gon, bondit hors du puits et coupe en deux le guerrier Sith.

STRATÉGIE SITH
Maul entraîne Qui-Gon dans le générateur, isolant Obi-Wan grâce à un mur laser. Enfin libre d'affronter les Jedi individuellement, Maul étourdit Qui-Gon avant de lui passer sa lame à travers le torse.

SITE

Générateur d'alimentation

MAUL TRIOMPHE. Obi-Wan se rue sur Maul, mais la ruse du Sith triomphe et laisse Obi-Wan accroché au bord d'un gouffre sans fond.

LA MORT DE QUI-GON
S'aidant de la Force, Obi-Wan s'échappe du puits et coupe Maul en deux. Dans un dernier souffle, Qui-Gon demande à Obi-Wan de s'engager à faire d'Anakin son padawan.

Le dessin du sabre de Maul repose en partie sur une arme ancienne des Zabraks appelée zhaboka.

TOUT SUR MAUL

- Darth Maul a eu deux voix : celle de Peter Serafinowicz dans l'Épisode I et celle de Sam Witwer dans *The Clone Wars* à la télévision.
- On découvre dans *The Clones Wars* que Maul, bien que coupé en deux, n'est pas mort et revient défier Obi-Wan Kenobi et Darth Sidious.

"Promets-moi de former l'enfant. C'est lui, l'Élu."

QUI-GON JINN

NABOO FAIT LA FÊTE.

EN DÉTRUISANT le vaisseau amiral droïde, Anakin a mis un terme aux espoirs qu'avait la Fédération du Commerce de contrôler Naboo, et Nute Gunray a été arrêté et emmené sur Coruscant pour y être jugé. Les Jedi organisent des obsèques pour le regretté Qui-Gon Jinn, tandis que Yoda et Mace Windu s'interrogent sur le mystérieux retour des Sith. Les peuples de Naboo, eux, font la fête : la planète a été libérée, et une ère nouvelle de paix s'ouvre pour les humains et les Gungans.

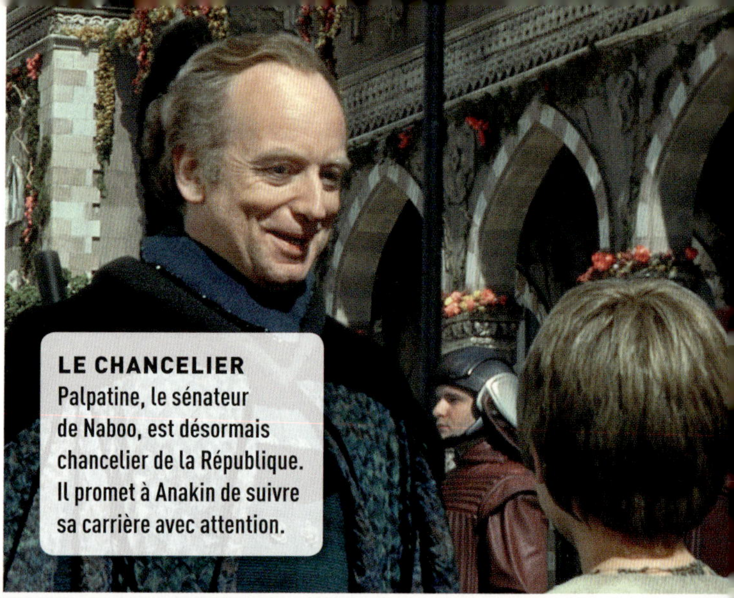

LE CHANCELIER
Palpatine, le sénateur de Naboo, est désormais chancelier de la République. Il promet à Anakin de suivre sa carrière avec attention.

SITE

Le temple funéraire

VÉHICULE

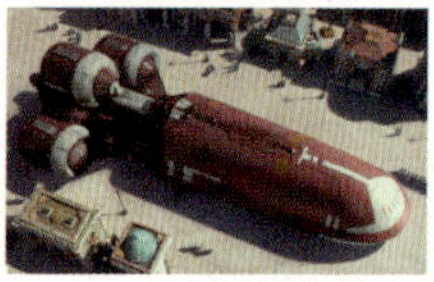

Navette stellaire

À SUIVRE...

- La fête rappelle celle qui conclut l'Épisode IV, et ici aussi figurent R2-D2 et un Skywalker héroïque.

À présent, Anakin porte la tenue et la coiffure traditionnelles du Jedi, ainsi que la tresse du padawan.

LES DOUTES D'UN JEDI

Yoda élève Obi-Wan au rang de Chevalier Jedi et respecte les dernières volontés de Qui-Gon en lui permettant de former Anakin, non sans l'avertir qu'il ressent un grand danger chez le jeune garçon.

LE NOUVEAU PADAWAN

Anakin, qui ne sait rien des craintes de Yoda, ne s'est jamais senti aussi heureux : hier encore esclave sur Tatooine, il a aidé Padmé à sauver sa planète, fait ses preuves de pilote et intégré l'Ordre Jedi.

Le Globe de la Paix qui renferme une sphère de plasma est une relique de Naboo.

"Toujours par deux ils vont... Le maître et son apprenti..."

YODA

UNE SÉNATRICE EN DANGER

DIX ANS APRÈS la bataille de Naboo, des milliers de systèmes stellaires quittent la République pour le mouvement séparatiste du comte Dooku, plongeant le sénat dans la confusion. L'Ordre Jedi va avoir le plus grand mal à maintenir la paix. Face à cette menace, certains sénateurs cherchent à doter la République d'une armée. Padmé Amidala, ex-reine et désormais sénatrice de Naboo, s'y oppose, redoutant qu'une guerre s'ensuive. Elle se précipite sur Coruscant pour prendre part aux débats, mais à son arrivée quelqu'un essaie de la faire taire.

ARRIVÉE SUR CORUSCANT
Escortée par des chasseurs, la nef royale de Padmé se pose sur une plate-forme surplombant Coruscant. Cordé, une dame de compagnie qui est la doublure de Padmé, s'engage sur la rampe abaissée.

POLITIQUE

- Sur Naboo, la reine est élue. En faisant en sorte que Padmé ait renoncé au trône entre les Épisodes I et II, George Lucas a souligné le caractère démocratique de la République.

Gregar Typho assure la Sécurité de Padmé, comme avant lui son oncle le capitaine Panaka.

II L'ATTAQUE DES CLONES

L'ATTAQUE
Soudain une explosion dévaste le vaisseau. Padmé, déguisée en pilote de chasse, se précipite sur Cordé — mais il est déjà trop tard.

ENTRETIEN AVEC LE CHANCELIER
Selon les Jedi et le chancelier Palpatine, l'attentat est imputable aux extracteurs d'épices de Naboo, mais Padmé accuse Dooku d'avoir voulu la faire taire car elle est en faveur de la paix.

SITE

Le bureau du chancelier

VÉHICULE

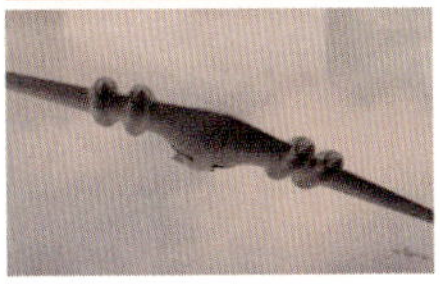

Croiseur royal

PERSONNAGES CENTRAUX

La sénatrice Amidala

Le chancelier Palpatine

Le capitaine Typho

"Sénatrice, en grand danger vous êtes."
YODA

Cordé et Versé, deux dames de compagnie de Padmé, sont tuées, mais la première d'entre elles, Dormé, survit.

POURSUITE EN SPEEDER

PALPATINE DEMANDE qu'Obi-Wan et son padawan Anakin Skywalker protègent la vie de Padmé. Anakin est bouche bée en découvrant la superbe jeune femme, qu'il aime depuis la première fois qu'il l'a vue sur Tatooine, des années plus tôt. Il lui promet qu'Obi-Wan et lui trouveront ses agresseurs. Tandis que les Jedi montent la garde, la chasseuse de primes Zam Wesell envoie un droïde assassin contre Padmé, ce qui déclenche une course poursuite haletante parmi la circulation aérienne de Coruscant.

ATTAQUE NOCTURNE
Alors que Padmé est assoupie, un droïde assassin découpe un trou dans une vitre et lâche deux kouhuns venimeux. Les redoutables créatures échappent à la vigilance de R2-D2 mais pas à celle d'Anakin et Obi-Wan.

CLIN D'ŒIL

- Le speeder jaune vif d'Anakin rappelle le coupé Ford 1932 visible dans *American Graffiti* de George Lucas (numéro de la plaque : THX 138).

PERSONNAGES CENTRAUX

Anakin Skywalker

Jango Fett

Zam Wesell

Dormé

Elan Sleazebaggano

ACCROCHEZ-VOUS !
Obi-Wan s'accroche au droïde qui s'enfuit, et y reste suspendu tandis qu'il circule parmi les gratte-ciel de Coruscant. À bord d'un airspeeder d'emprunt, Anakin secourt son maître et pourchasse Zam.

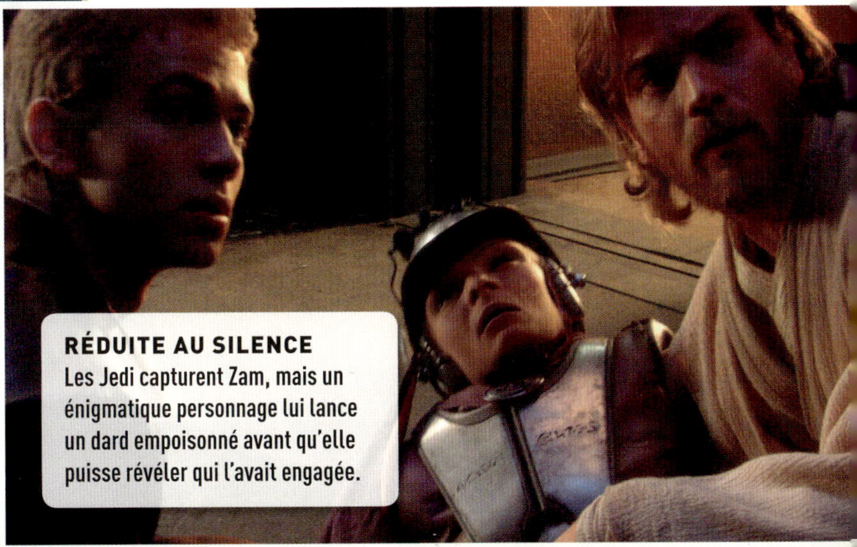

RÉDUITE AU SILENCE
Les Jedi capturent Zam, mais un énigmatique personnage lui lance un dard empoisonné avant qu'elle puisse révéler qui l'avait engagée.

La façon dont Anakin se sert de la Force est une source de frictions entre le maître et le padawan.

Le speeder appartient à Simon Greyshade, sénateur du secteur de Voryzd.

"J'ai parfois l'impression que tu veux ma mort !"
OBI-WAN KENOBI

SITES

L'appartement de Padmé

Le club *Le Barbare*

CRÉATURE

Kouhun

VÉHICULES

Airspeeder XJ-6

Airspeeder Koros-2

À LA RECHERCHE DU MONDE PERDU

LE SEUL INDICE pour retrouver l'assassin de Zam est le dard empoissonné qui l'a tuée. Les droïdes de l'Ordre Jedi ne parvenant pas à identifier cet objet, Obi-Wan le montre à son ami Dexter Jettster, qui connaît la galaxie comme sa poche. Dex reconnaît un saberdart de Kamino, une planète où on produit des clones. Mais pour Obi-Wan le mystère reste entier : les Archives Jedi ont beau être la plus grande bibliothèque de la galaxie, remplie de tout le savoir de l'Ordre, elles ne contiennent aucune trace de Kamino !

UN VIEIL AMI
Dex apprend à Obi-Wan que le dard vient de Kamino, au-delà de la Bordure Externe, près du Dédale de Rishi.

POLYVALENCE

- La Chambre du Conseil Jedi a servi aussi pour la salle d'entraînement des enfants, avec un sol différent et un décor modifié.

L'holocarte d'Obi-Wan contient la galaxie principale et divers satellites, dont le Dédale de Rishi.

VÉHICULE

Chasseur Jedi

"Une planète, maître Obi-Wan a perdu ? C'est embêtant !"

YODA

SAVOIRS JEDI
Obi-Wan constate avec surprise que les Archives Jedi n'indiquent aucune planète à l'endroit dit. La bibliothécaire Jocasta Nu lui déclare que ce qui ne figure pas dans les Archives n'existe pas.

SAGESSE ENFANTINE
Obi-Wan interroge Yoda mais c'est un enfant qui fournit la réponse : Kamino existe, mais quelqu'un l'a effacée des Archives. Obi-Wan décide de se rendre sur la planète perdue pour en savoir plus.

La disparition de Kamino inquiète Obi-Wan : puisque seuls les Jedi ont accès aux Archives, c'est donc l'un d'eux qui a effacé le dossier.

PERSONNAGES CENTRAUX

Jocasta Nu

Dexter Jettster

WA-7

Hermione Bagwa

SITES

Le Temple Jedi

Les Archives Jedi

LA PLANÈTE DES CLONES

OBI-WAN TROUVE Kamino là où les coordonnées la situaient — et à sa grande surprise les Kaminoans attendaient sa visite ! Sidéré, il apprend que les cloneurs ont consacré dix années à produire et former une vaste armée de clones, à partir de l'ADN d'un chasseur de primes nommé Jango Fett. La République n'a jamais voté la création d'une telle armée de défense, mais elle existe néanmoins bel et bien ! Qui donc a payé les cloneurs ? Et qui en a effacé toute trace des Archives Jedi ?

DES ORDRES MYSTÉRIEUX
Les Kaminoans croient qu'Obi-Wan vient inspecter l'armée qu'ils ont créée sur l'ordre du Maître Jedi Sifo-Dyas. Pourtant Obi-Wan n'a jamais eu vent d'un tel ordre, et Sifo-Dyas est mort depuis près de 10 ans.

PERSONNAGES CENTRAUX

Lama Su

Taun We

R4-P17

La couleur de l'armure des clones indique leur grade. Ce soldat est capitaine.

PÈRE D'UNE ARMÉE

Taun We explique que les soldats sont les clones d'un chasseur de primes, Jango Fett, qui réside sur la planète. Se rappelant le saberdard kaminoan qui a tué Zam, Obi-Wan déclare vouloir rencontrer Fett.

SOLDATS IDENTIQUES

Lors de sa visite, Obi-Wan observe des milliers de soldats – tous des clones – qui font des exercices de préparation militaire.

Des terminaux tels que celui-ci distribuent aux soldats leur matériel et leurs instructions de formations.

TOUS DES E.T.

- Les Kaminoans sont inspirés des aliens du film de Steven Spielberg *Rencontres du troisième type* (1977).

"Cette armée est pour la République."

LAMA SU

SITE

Kamino

Tipoca City

CRÉATURE

Aiwha

DÉFENSE D'AIMER

TANDIS QU'OBI-WAN enquête sur les attentats qui ont visé Padmé, celle-ci et Anakin, déguisés en paysans, se rendent sur Naboo à la résidence qu'elle possède dans la Contrée des Lacs. Dans ce cadre paisible, Anakin cède à ce qu'il éprouve pour la belle sénatrice qui, déchargée des soucis de la politique, tombe amoureuse de son garde du corps Jedi. Un sénateur n'a guère de vie privée et le code Jedi interdit toute attache sentimentale, mais l'un et l'autre découvrent que l'amour ne se commande pas.

LE LAC DE L'AMOUR
À Varykino, alors qu'ils admirent ensemble le splendide lac, Anakin ne peut plus contenir ses sentiments et il embrasse Padmé. Bien qu'elle sache qu'elle a tort, la jeune femme ne peut s'empêcher de lui rendre son baiser.

"On pourrait s'aimer en secret..."
ANAKIN SKYWALKER

Venant d'un monde désertique, Anakin trouve étrange de pique-niquer dans l'herbe, mais auprès de Padmé tout lui plaît.

IRRÉSISTIBLE

Padmé sait qu'Anakin et elle ne peuvent se marier : l'Ordre Jedi le chasserait, et la reine de Naboo ordonnerait à Padmé de quitter le sénat. Mais l'amour est le plus fort...

UN AMOUR SECRET

Padmé déclare à Anakin qu'ils doivent rompre. Refusant cette idée, il propose qu'ils cachent leur liaison au reste de la galaxie.

PAYSAGES ROMANTIQUES

- Les scènes de la Contrée des Lacs furent tournées en Italie, à la Villa Balbianello, et le pique-nique dans un pré voisin. Les plans ont été combinés à des effets visuels, des images de chutes d'eau et un matte painting.

Loin du sénat et de Theed, la capitale de Naboo, Padmé se permet de déroger aux codes vestimentaires officiels.

SITE

Varykino

CRÉATURE

Shaak

VÉHICULES

Speeder gondole

Bus aérien

JANGO S'ENFUIT.

OBI-WAN RENCONTRE Jango Fett et son fils Boba (qui est en fait un clone parfait créé par les Kaminoans). Jango refuse de dire s'il s'est rendu sur Coruscant récemment, mais Obi-Wan a repéré l'armure du Mandalorien : il est certain que c'est lui qui a tué Zam Wesell, la chasseuse de primes. Il tente de capturer Jango et l'affronte sur une plate-forme d'atterrissage. Le duel qui oppose le Jedi au chasseur de primes s'achève sur la fuite des deux Fett à bord de leur vaisseau, le *Slave I* — mais Obi-Wan s'est donné les moyens de les pourchasser.

RENCONTRE TENDUE
Jango prétend n'avoir jamais entendu parler du Maître Jedi Sifo-Dyas, qui aurait ordonné la création de l'armée. Il déclare à Obi-Wan que c'est un homme nommé Tyranus qui l'a engagé pour être la source de l'ADN des clones. Yoda et Mace Windu demandent à Obi-Wan de leur amener Jango afin de pouvoir l'interroger.

INTEMPÉRIES
- La machine à pluie créée pour la scène du duel brassait 7,5 tonnes d'eau à la minute.

Les Jedi emploient une forme de combat nommée Shien pour détourner les tirs de blaster, changeant leur défense en une attaque.

"Je ne suis qu'un modeste humain qui essaie de faire son chemin dans l'Univers."
JANGO FETT

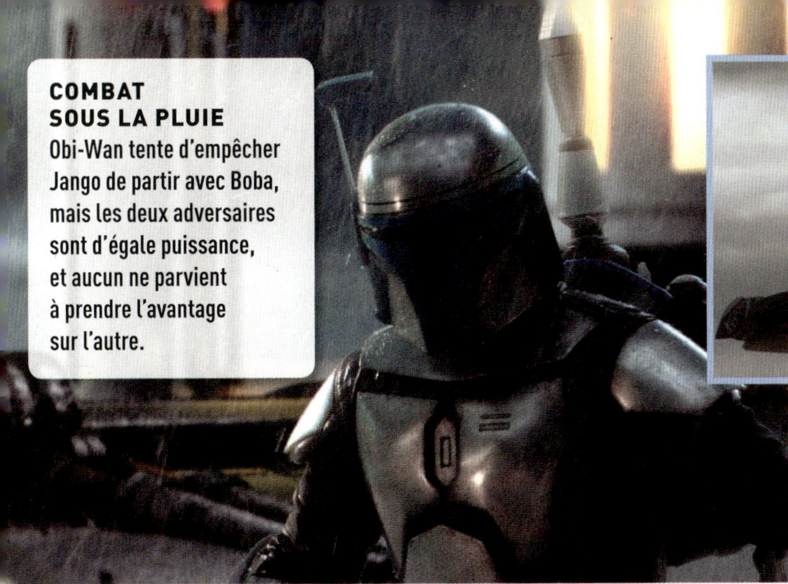

COMBAT SOUS LA PLUIE
Obi-Wan tente d'empêcher Jango de partir avec Boba, mais les deux adversaires sont d'égale puissance, et aucun ne parvient à prendre l'avantage sur l'autre.

LE CHASSEUR FUIT.
Jango pousse Obi-Wan hors de la plate-forme et en profite pour s'échapper avec le *Slave I*, mais le Jedi a eu le temps d'y placer une balise.

PERSONNAGE CENTRAL

Boba Fett

VÉHICULE

Le *Slave I*

Les Jedi ayant vaincu les guerriers mandaloriens voilà plusieurs siècles, une armure comme celle de Jango est très rare.

DUEL DANS LES ANNEAUX

GRÂCE AU mouchard fixé sur le *Slave I*, Obi-Wan suit Jango et Boba jusque dans les anneaux de Géonosis. Mais le vaisseau du chasseur de primes est équipé de capteurs sensibles, et les Fett repèrent vite sa présence. Ils ripostent en arrosant l'appareil de tirs de laser, de missiles et de charges soniques redoutables, qui transforment les rochers des anneaux planétaires en une multitude de projectiles. Obi-Wan doit recourir à toute sa science du pilotage pour survivre au combat.

ENNEMI EN VUE
En bons chasseurs de primes, les Fett réalisent vite que le vaisseau d'Obi-Wan suit leur *Slave I* à la trace.

"Voilà pourquoi je déteste piloter !"

OBI-WAN KENOBI

Le chasseur Delta-7 *Aethersprite* est équipé de moteurs puissants et de gouvernes conçues pour un pilote qui utilise la Force.

SURPRISE SONIQUE

Constatant l'obstination d'Obi-Wan, Jango lui fait une ultime surprise : des munitions appelées charges soniques. Après avoir implosé, elles irradient leur énergie sous la forme d'énormes ondes de choc.

LE TRAQUEUR TRAQUÉ

Slalomant parmi les anneaux, Jango prend Obi-Wan par surprise et déclenche sur lui un feu nourri de canons laser. Même avec l'aide de R4-P17, Obi-Wan en réchappe de peu.

Les ailes et le cockpit du *Slave I* pivotent selon que l'appareil est en mode de vol ou d'atterrissage horizontal.

SITE

Géonosis

LE SON DU SILENCE

- L'ingénieur du son Ben Burtt qualifie le son des charges soniques – dont l'onde de choc apparaît après un instant de silence – de « trou noir sonore ».

TRAGÉDIE SUR TATOOINE

LORS DE son séjour sur Naboo avec Padmé, Anakin a une vision de sa mère, Shmi, en danger. Le couple se rend sur Tatooine, où Anakin apprend que Shmi a épousé un cultivateur d'humidité nommé Cliegg Lars — et qu'elle vient d'être enlevée par les terribles Pillards Tuskens ! Il se lance à sa recherche. Sa quête s'achève dans le chagrin et la douleur, libérant une fureur que nourrit le côté obscur de la Force. Cet épisode annonce l'avenir : incapable de maîtriser ses émotions, Anakin provoquera une tragédie, pour lui-même comme pour ceux qu'il chérit.

RECHERCHES DANS LE DÉSERT
Selon Cliegg Lars, Shmi a disparu depuis un mois et n'est donc sans doute plus en vie. Mais Anakin perçoit la présence de sa mère à travers la Force, et il fera tout ce qui est en son pouvoir pour la secourir.

"Je les ai tués ! Je les ai tous tués !"
ANAKIN SKYWALKER

La douleur d'Anakin provoque une telle perturbation dans la Force que Yoda la ressent à l'autre bout de la galaxie, sur Coruscant.

SITES

Mos Espa

La ferme des Lars

II L'ATTAQUE DES CLONES

LA FUREUR D'UN FILS
Anakin retrouve sa mère dans un camp de Tuskens, mais elle meurt dans ses bras. Submergé par la douleur et la rage, il massacre hommes, femmes et enfants, puis ramène le corps de Shmi à la ferme.

LUGUBRE PROMESSE
Après avoir avoué à Padmé ce qu'il a fait, Anakin se jure d'apprendre à maîtriser la Force au point d'être capable d'arrêter la mort.

PERSONNAGES CENTRAUX

Cliegg Lars

Owen Lars

Beru Whitesun

VÉHICULES

Swoop Zephyr-G

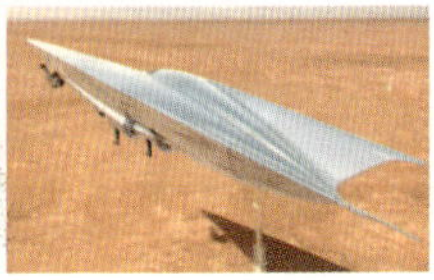
Nef royale de Naboo

Plus tard, Owen, le fils de Cliegg Lars, supprimera les pierres tombales des sépultures familiales, qui deviendront anonymes.

UN DÉCOR FAMILIER

- Pour ces scènes, l'habitation des Lars de l'Épisode IV a été reconstruite dans le désert tunisien, et l'hôtel Sidi Driss de Matmata a à nouveau servi pour les plans d'intérieurs.

PRÉPARATIFS DE GUERRE

AYANT ÉCHAPPÉ aux Fett, Obi-Wan se pose sur Géonosis et découvre le comte Dooku et les Séparatistes en train de comploter contre la République. Il en avertit les Jedi, avant d'être capturé. L'annonce de cette menace agite le sénat, et c'est Jar Jar Binks qui propose de donner les pleins pouvoirs au chancelier Palpatine. Cette funeste décision permet à Palpatine d'utiliser l'armée clone créée par les Kaminoans. La guerre gronde — bientôt elle englobera la galaxie tout entière.

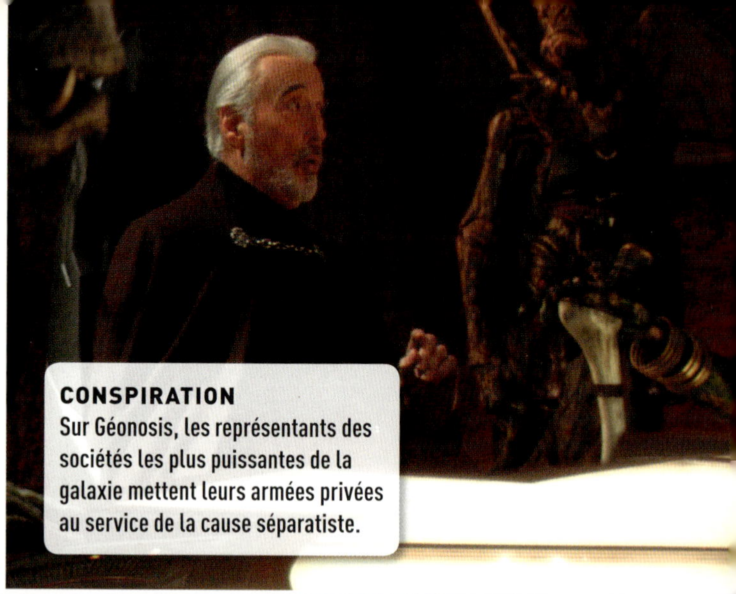

CONSPIRATION
Sur Géonosis, les représentants des sociétés les plus puissantes de la galaxie mettent leurs armées privées au service de la cause séparatiste.

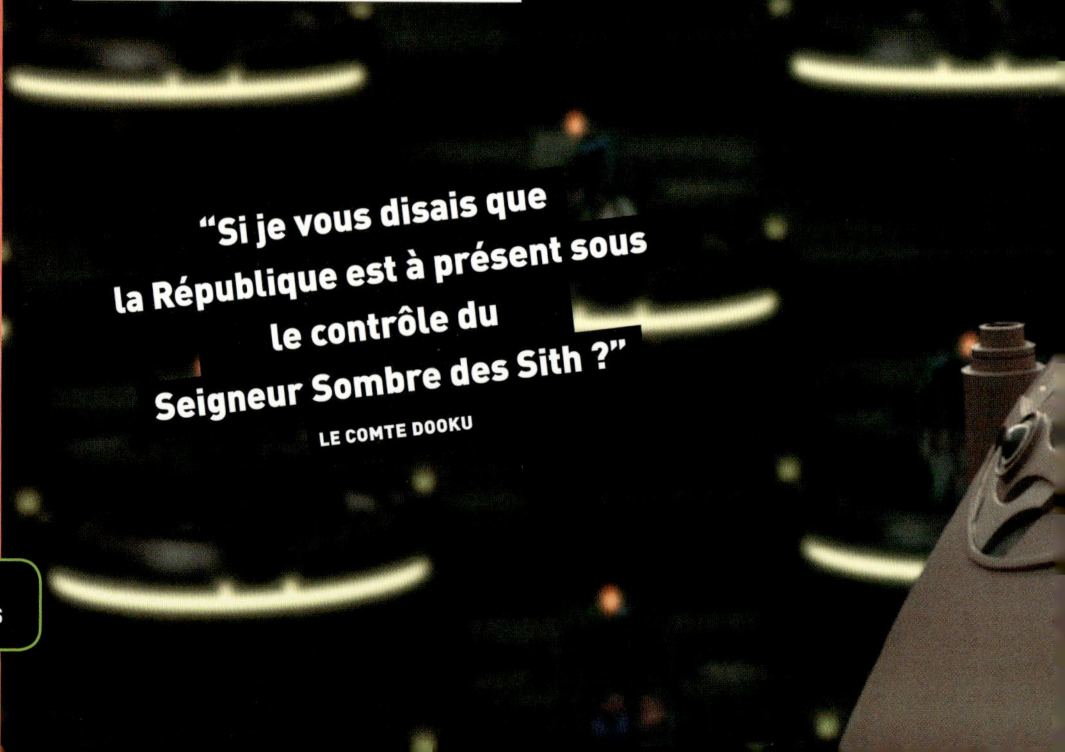

PERSONNAGES CENTRAUX

Le comte Dooku

Poggle le Bref

Wat Tambor

San Hill

SITES

Une ruche géonosienne

"Si je vous disais que la République est à présent sous le contrôle du Seigneur Sombre des Sith ?"

LE COMTE DOOKU

JAR JAR PARLE.
Padmé étant éloignée de Coruscant, c'est Binks qui représente Naboo. Croyant bien faire, Jar Jar propose un amendement qui confère à Palpatine le pouvoir de créer une grande armée de la République.

UNE TERRIBLE VÉRITÉ
Dooku déclare à Obi-Wan prisonnier qu'un Sith nommé Darth Sidious contrôle le sénat. Obi-Wan refuse de le croire, mais Dooku est bien informé : son identité secrète est Darth Tyranus, l'apprenti de Sidious !

DEUX LÉGENDES

- Comme Peter Cushing (le Grand Moff Tarkin de l'Épisode IV), Christopher Lee (le comte Dooku) fut une star dans les années 50.

Le Chagrian Mas Amedda, qui préside le sénat, est l'une des rares personnes à connaître certains des plus sombres secrets de Palpatine.

D'aucuns prétendent que Sly Moore, l'Umbarienne aide de camp de Palpatine, serait capable d'influer sur l'esprit d'autrui.

MISSION SUR GÉONOSIS

ANAKIN REÇOIT L'ORDRE de rester sur Tatooine pour protéger Padmé à tout prix, bien qu'il sache Obi-Wan prisonnier sur Géonosis. Padmé décide donc d'aller délivrer Obi-Wan : puisque Anakin doit veiller sur elle, il n'a qu'à la suivre ! Accompagné de R2-D2 et C-3PO, le couple se précipite sur Géonosis, où il découvre des usines qui produisent de vastes quantités de droïdes de combat. Le danger est partout : Padmé marche tout droit dans le piège de Nute Gunray, le Séparatiste qui a engagé Jango Fett pour la tuer.

« DES MACHINES QUI CRÉENT DES MACHINES ! »
Venus libérer Obi-Wan des Séparatistes, Padmé et Anakin se retrouvent piégés dans une dangereuse chaîne de montage automatisée géonosienne.

AJOUTS TARDIFS

- Au départ, Anakin et Padmé étaient arrêtés après l'échec de négociations avec Dooku. La séquence de l'usine de droïdes fut ajoutée car Lucas trouvait qu'il fallait davantage de tension.
- Dans cette scène, les acteurs furent filmés en une matinée. Tout le reste est à base de maquettes et d'images de synthèse.
- Anakin et Padmé se retrouvent piégés sur une passerelle rétractable, comme Luke et Leia dans l'Épisode IV.

La sécurité est accessoire dans l'usine, aussi de nombreux drones géonosiens y ont été estropiés ou tués.

"Ne bouge plus, Jedi !"
JANGO FETT

DROÏDE EN PÉRIL
Tandis que R2-D2 secourt Padmé, C-3PO se risque sur la chaîne de montage où sont produits les droïdes de combat.

PRISONNIERS DE DOOKU
Anakin échappe à une mort horrible sur la chaîne de montage, mais son sabre laser est détruit. Désarmé, il ne peut pas résister à Jango Fett et un groupe de droïdekas. Padmé et Anakin sont capturés.

SITE

Usine géonosienne

DROÏDE

Droïde élévateur

DES JEDI CAPTURÉS

AU RAVISSEMENT de Nute Gunray, les Géonosiens condamnent Padmé et Anakin à mort pour espionnage. Pendant qu'on les conduit dans l'arène des exécutions, Padmé déclare son amour à Anakin, et ils échangent un dernier baiser. On les enchaîne près d'Obi-Wan, qui lui aussi va être mis à mort. Sous les cris des drones géonosiens, trois créatures monstrueuses pénètrent dans l'arène : un nexu, un acklay et un reek. Mais la foule est frustrée de son plaisir sanglant quand les captifs se libèrent pour combattre.

VU DE HAUT

Le nexu enragé saute sur Padmé et la blesse avec ses griffes, mais la sénatrice de Naboo grimpe au sommet du pilier d'exécution et utilise ses lourdes chaînes comme une arme contre son agresseur.

HOMMAGE

- Le duel entre Obi-Wan et l'acklay est un hommage au film *L'île mystérieuse* de 1961, où des marins affrontent un crabe géant animé par le génie des effets spéciaux Ray Harryhausen.

SITE

Arène géonosienne

CRÉATURES

Nexu

Reek

Acklay

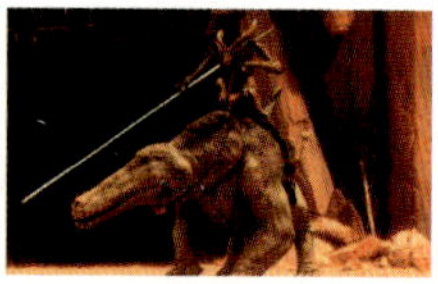

Orray

UN JEDI DÉCHAÎNÉ

Obi-Wan parvient à faire en sorte que l'acklay aux dents acérées abatte son pilier, puis il s'empare de la lance d'un garde géonosien mort. À présent les chances sont mieux réparties !

À DOS DE REEK

Anakin évite la charge du reek puis il utilise la Force pour calmer l'animal furieux afin de s'en faire une monture.

Les drones soldats, qui sont tous ailés, forment l'une des castes constituant la société des ruches de Géonosis.

Les combat d'animaux, nommés « petranaki », sont un mode d'exécution de prisonniers fréquent sur Géonosis, et qui attire les foules.

"J'ai comme un mauvais pressentiment, tout d'un coup !"

ANAKIN SKYWALKER

BATAILLE DANS L'ARÈNE

MALGRÉ LEUR COURAGE, les trois captifs sont débordés. Tout semble perdu — quand Mace Windu arrive avec des dizaines de Jedi brandissant leur sabres lasers ! Les Géonosiens ripostent en lâchant leur armée droïde. L'un après l'autre les Jedi tombent sous les tirs des droïdes, et Dooku invite les survivants à se rendre. Quand Windu refuse, les droïdes pointent leurs blasters — et sont détruits par des canonnières descendues du ciel, tous canons dehors. Yoda et l'armée clone entrent en scène !

ARMÉE DROÏDE
Pour combattre les Jedi, le leader géonosien Poggle le Bref appelle son armée de droïdes de combat, avec parmi eux un C-3PO ahuri.

Par souci d'économie, les droïdes de combat sont armés de blasters normaux et non de matériels intégrés.

MISSION SECONDAIRE

- Des scènes où les Jedi de Ki-Adi-Mundi et Plo Koon attaquaient un vaisseau amiral droïde séparatiste ont été coupées avant l'ajout des effets spéciaux.

SAUVÉS PAR LES CLONES

Parfois la Force ne peut pas tout : les Jedi survivants sont encerclés. Soudain surgit Yoda, venu de Kamino à la tête de la mystérieuse armée de clones pour contrer les droïdes de combat de Dooku.

ORPHELIN DE GUERRE

Les clones se portent au secours des Jedi, et Dooku bat en retraite en constatant sa défaite. Une fois les combats achevés, le jeune Boba Fett pleure son père Jango, abattu par Windu.

“La fête est terminée !”

MACE WINDU

200 Jedi ont pris part à la mission de Mace Windu.

PERSONNAGES CENTRAUX

Shaak Ti

Coleman Trebor

Kit Fisto

Aayla Secura

Luminara Unduli

Barriss Offee

DROÏDE

Superdroïde de combat

VÉHICULE

Canonnière

LA GUERRE SUR GÉONOSIS

L'ARÈNE N'ÉTAIT qu'un début : l'artillerie et les RT-TT de la République, flanqués par l'infanterie clone et protégés par les canonnières, envahissent les plaines de Géonosis. Le comte Dooku ordonne à ses troupes droïdes de riposter tandis que les membres de l'Alliance Séparatiste tentent de faire décoller leurs vaisseaux. Les droïdes de combat échangent des tirs avec les soldats clones, au milieu d'engins de guerre redoutables. Les explosions ébranlent les ruches où vivent les Géonosiens et les missiles déchirent l'air.

DÉBÂCLE SÉPARATISTE

Conscients que l'armée de la République aura le dessus en terrain découvert, les chefs séparatistes envoient leurs droïdes pour freiner l'avancée des clones, tout en préparant le décollage de leurs vaisseaux.

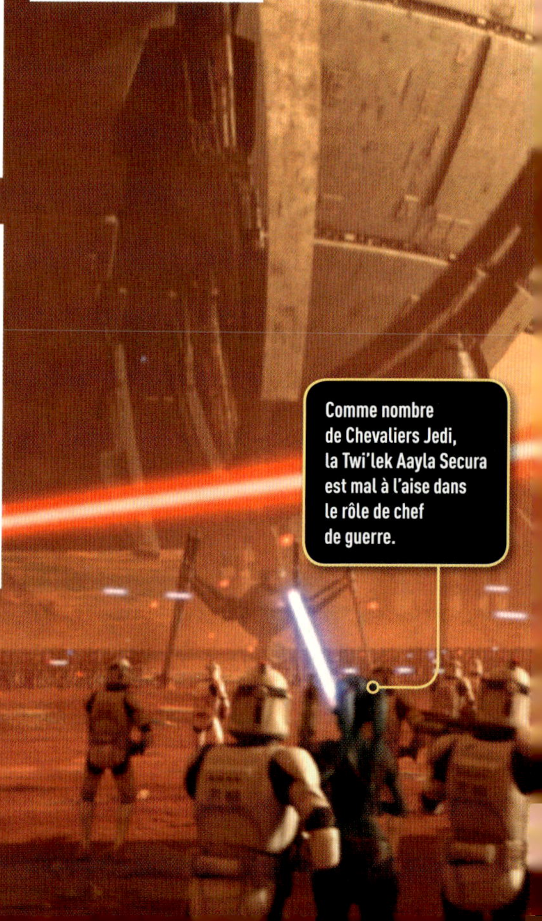

Comme nombre de Chevaliers Jedi, la Twi'lek Aayla Secura est mal à l'aise dans le rôle de chef de guerre.

DROÏDES

Droïde araignée nain

Droïde araignée

Droïde « Mur de feu »

Blindé droïde

SITE

PC opérationnel

VÉHICULES

RT-TT

SPHA-T

Navire de la Fédération

Chasseur géonosien

Navire du Techno Syndicat

FORCE DE FRAPPE
La République tente d'empêcher la fuite des Séparatistes. Les canonnières attaquent en même temps que les forces terrestres.

DE NOUVEAUX GÉNÉRAUX
Les Jedi se voient comme des pacificateurs, non des guerriers. Pourtant, sur Géonosis, ils ont rang de généraux et combattent au côté des clones, dans la fumée et le chaos.

“Mon maître ne pardonnera jamais cette perfidie à la République.”
LE COMTE DOOKU

Pour atterrir, les sphères centrales des bâtiments de la Fédération du Commerce se séparent des soutes et des blocs propulseurs.

LE SENS DE L'HISTOIRE

- Erik Tiemens et Ryan Church, superviseurs des concepts graphiques, ont visionné des images de conflits réels pour concevoir cette scène.

FACE AU COMTE

DOOKU FUIT le champ de bataille, poursuivi par Anakin et Obi-Wan. Ils le rattrapent dans son hangar secret, mais Dooku les soumet avec ses pouvoirs Sith – ils ne devront leur salut qu'à l'arrivée de Yoda. Après un violent duel au sabre laser contre son ancien maître, Dooku s'échappe et retrouve Darth Sidious sur Coruscant. Le plan du Seigneur Sith se déroule comme prévu : la République dispose d'une vaste armée, une épouvantable guerre galactique vient de commencer, et Dooku possède les plans d'une arme monstrueuse nommée l'Étoile Noire.

ESPRIT DE VENGEANCE
Conscient de la puissance de Dooku, Obi-Wan veut qu'Anakin fasse équipe avec lui contre le Seigneur Sith, mais Anakin, avide de venger les Jedi tombés au combat, ne lui obéit pas et charge tout seul.

SITES

Le hangar secret

Les usines

VÉHICULES

Voilier solaire

Speeder bike Flitknot

DROÏDES

Droïde FA-4

ENTRE VIEUX MAÎTRES

C'était une mauvaise idée : Dooku tranche la main d'Anakin et bat Obi-Wan. Yoda arrive juste à temps pour sauver la vie des deux Jedi.

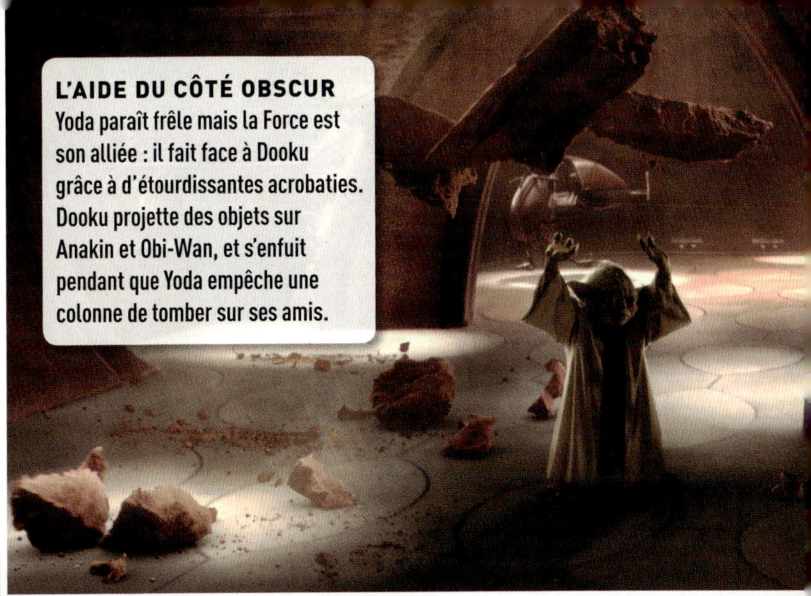

L'AIDE DU CÔTÉ OBSCUR

Yoda paraît frêle mais la Force est son alliée : il fait face à Dooku grâce à d'étourdissantes acrobaties. Dooku projette des objets sur Anakin et Obi-Wan, et s'enfuit pendant que Yoda empêche une colonne de tomber sur ses amis.

Un Sith aussi puissant que Dooku peut manipuler la Force pour produire des éclairs extrêmement douloureux.

LE JEDI NUMÉRIQUE

- Aucune marionnette ne pouvant accomplir les acrobaties nécessaires, les animateurs ont dû concevoir un Yoda totalement numérique.

Ayant perdu son sabre dans la fonderie de droïdes, Anakin en utilise un qui lui a été donné par un Jedi dans l'arène.

"Plus puissant tu es devenu, Dooku. Le côté obscur je perçois en toi."

YODA

LA GUERRE DES CLONES COMMENCE.

LA RÉPUBLIQUE semble avoir remporté une grande victoire. Elle dispose désormais d'une vaste armée pour la défendre des Séparatistes, et ses troupes décollent de Coruscant pour aller combattre partout dans la galaxie. Au sénat, le chancelier Palpatine et ses alliés observent ce déploiement de forces avec calme, mais d'autres sont inquiets au vu des événements récents. La galaxie est en guerre, et le côté obscur empêche les Jedi de jauger la situation. Nul ne sait de quoi l'avenir sera fait, et le pire est imminent.

EMBARQUEMENT IMMÉDIAT
Sous le regard des sénateurs, des légions de soldats clones prennent leurs ordres et embarquent dans des vaisseaux d'assaut, prêts à affronter les armées mécaniques séparatistes.

Le Rodian Onaconda Farr, un vieil ami de Padmé, était un fervent partisan d'une armée républicaine.

SOLEIL SANGLANT

- La lumière incandescente du coucher de soleil est lourde de menaces et annonce l'Épisode III.

LA CAPITALE EN GUERRE
Voilà plusieurs millénaires que la République n'avait plus disposé d'une armée. Hier encore, nul n'aurait cru possible de voir les esplanades de Coruscant grouiller de bâtiments de guerre et de soldats en rangs.

PAROLE DE YODA
Obi-Wan est rassuré par la récente victoire des Jedi, mais Yoda prédit que des temps obscurs guettent les peuples de la galaxie.

"Du côté obscur le voile vient de se déchirer..."

YODA

Les navires de classe *Acclamator* sont des « armées en boîte », capables de transporter des bâtiments de guerre au grand complet.

PERSONNAGES CENTRAUX

Bail Organa

Onaconda Farr

Po Nudo

Ask Aak

VÉHICULE

Canonnière

MARIAGE SECRET

ANAKIN EST de retour sur Naboo avec Padmé. Le Jedi a subi bien des épreuves, et sa main mécanique lui rappelle à chaque instant qu'il a échoué face à Dooku. Il peine toujours à maîtriser ses émotions et le pouvoir extraordinaire qu'il tire de la Force. Toutefois son cœur lui dit qu'il aime Padmé plus que tout au monde. Incapable de taire ses sentiments, Padmé accepte d'épouser Anakin, bien qu'il trahisse le Code Jedi et qu'il devra quitter l'Ordre si leur secret est découvert.

UNE MARIÉE AMÈRE

Padmé a toujours rêvé de se marier dans la Contrée des Lacs. Elle regrette que ni sa famille ni ses amis ne puissent assister à la cérémonie, mais au moins elle est à Varykino, l'endroit qu'elle préfère sur Naboo.

PERSONNAGE CENTRAL

Le pontifex Agolerga

EN TOUTE SIMPLICITÉ

- Après avoir renoncé aux tissus exotiques, la costumière Trisha Biggar a taillé la robe de Padmé dans un couvre-lit trouvé en brocante en Australie.

TÉMOINS DROÏDES
L'union de Padmé et Anakin est bénie par un prêtre de Naboo, C-3PO et R2-D2 ayant été recrutés comme témoins.

UNE DANGEREUSE DÉCISION
Anakin et Padmé échangent leur premier baiser d'époux. Pour un instant, leurs soucis s'envolent. Mais ce mariage interdit aura bientôt des conséquences tragiques, pour les Jedi comme pour toute la galaxie.

Bien qu'il ait encore beaucoup à apprendre, Anakin va bientôt couper sa tresse de padawan et devenir un Chevalier Jedi.

LA GUERRE SUR CORUSCANT

APRÈS TROIS ANNÉES de guerre contre les armées droïdes de Dooku, la République est proche de la victoire. Mais le général Grievous, un commandant séparatiste, lance une attaque audacieuse sur Coruscant, la planète-capitale de la République, et enlève le chancelier Palpatine. Anakin et Obi-Wan se précipitent à son secours à travers l'hyperespace. Au milieu des combats furieux, slalomant parmi des nuées de chasseurs droïdes, ils pourchassent le vaisseau de Grievous, la *Main Invisible*.

EN PLEIN COMBAT
À l'arrivée d'Anakin et Obi-Wan, les flottes républicaine et séparatiste sont en plein affrontement au-dessus de Coruscant.

"Que la fête commence !"
ANAKIN SKYWALKER

Les croiseurs Jedi ouvrent le feu sur les Séparatistes, leur infligeant de lourds dommages.

III LA REVANCHE DES SITH

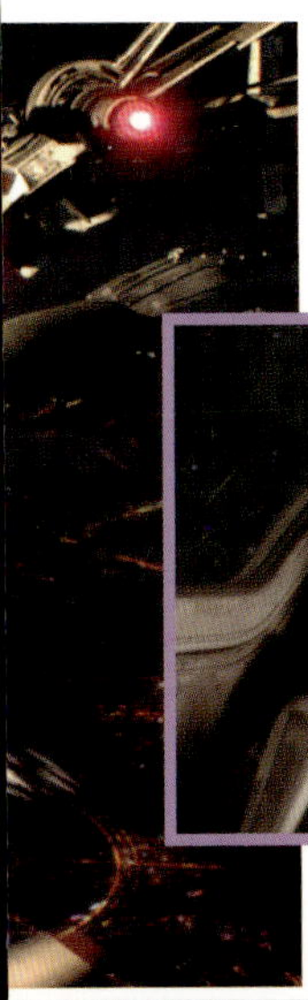

C'EST BON POUR LES DROÏDES.
Obi-Wan est un excellent pilote mais il déteste voler — il laisse ça à son astromech. Anakin, lui, s'amuse beaucoup, et grâce à la Force il peut tromper les chasseurs qui défendent le bâtiment de Grievous.

LES VIBRODROÏDES ATTAQUENT.
Les vibrodroïdes s'agglutinent sur les chasseurs Jedi, transpercent leur coque et détruisent l'astromech d'Obi-Wan, R4-P17. Mais R2-D2 se défend et les élimine avec son soudeur.

Les débris des épaves s'abattent sur Coruscant parmi les citoyens terrorisés.

DROÏDE

Vibrodroïde

VÉHICULES

Chasseur RCO-170

Chasseur Jedi

LE FEU DE L'ACTION

- L'Épisode III débute par un long plan-séquence, où la caméra suit les chasseurs des Jedi jusqu'au cœur des combats pour s'arrêter sur un gros plan de R2-D2.

ÉCHEC À DOOKU

LE COMTE DOOKU est le dirigeant officiel des Séparatistes, et en secret l'apprenti du Seigneur Sith Darth Sidious. Il connaît la vérité cachée : Sidious et le chancelier Palpatine ne font qu'un, et la Guerre des Clones fait partie d'un plan Sith pour renverser la République. Dooku est persuadé qu'un jour il succédera à son maître à la tête de la galaxie. Il a tort : Sidious l'a trahi, comme font souvent les Sith. Son destin est d'être remplacé par un apprenti plus jeune et plus puissant.

TRAVAIL D'ÉQUIPE
Anakin et Obi-Wan atteignent la tour de la *Main Invisible* où Palpatine est retenu. Son ravisseur, Dooku, les attend, persuadé qu'il les battra comme il l'a fait sur Géonosis. Mais Anakin a mûri.

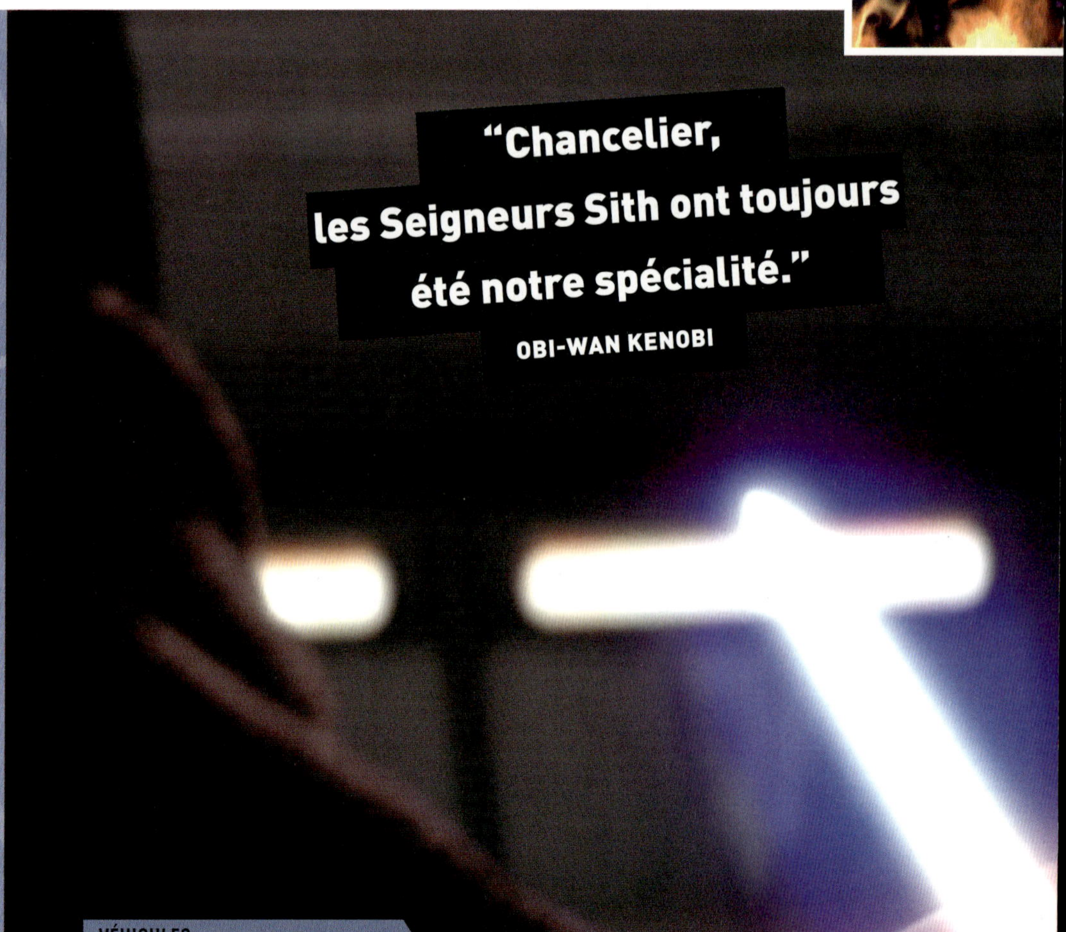

"Chancelier, les Seigneurs Sith ont toujours été notre spécialité."
OBI-WAN KENOBI

VÉHICULES

La *Main Invisible*

Frégate séparatiste

UN ASTROMECH ISOLÉ
Tandis que les Jedi poursuivent leur mission, des droïdes séparatistes s'en prennent à R2-D2. Le petit droïde les asperge d'huile puis l'enflamme.

ORDRE DU CHANCELIER
Dooku assomme Obi-Wan, mais Anakin le désarme dans le but de le faire prisonnier. Soudain Palpatine lui ordonne de tuer le comte. Le Jedi hésite — puis obéit.

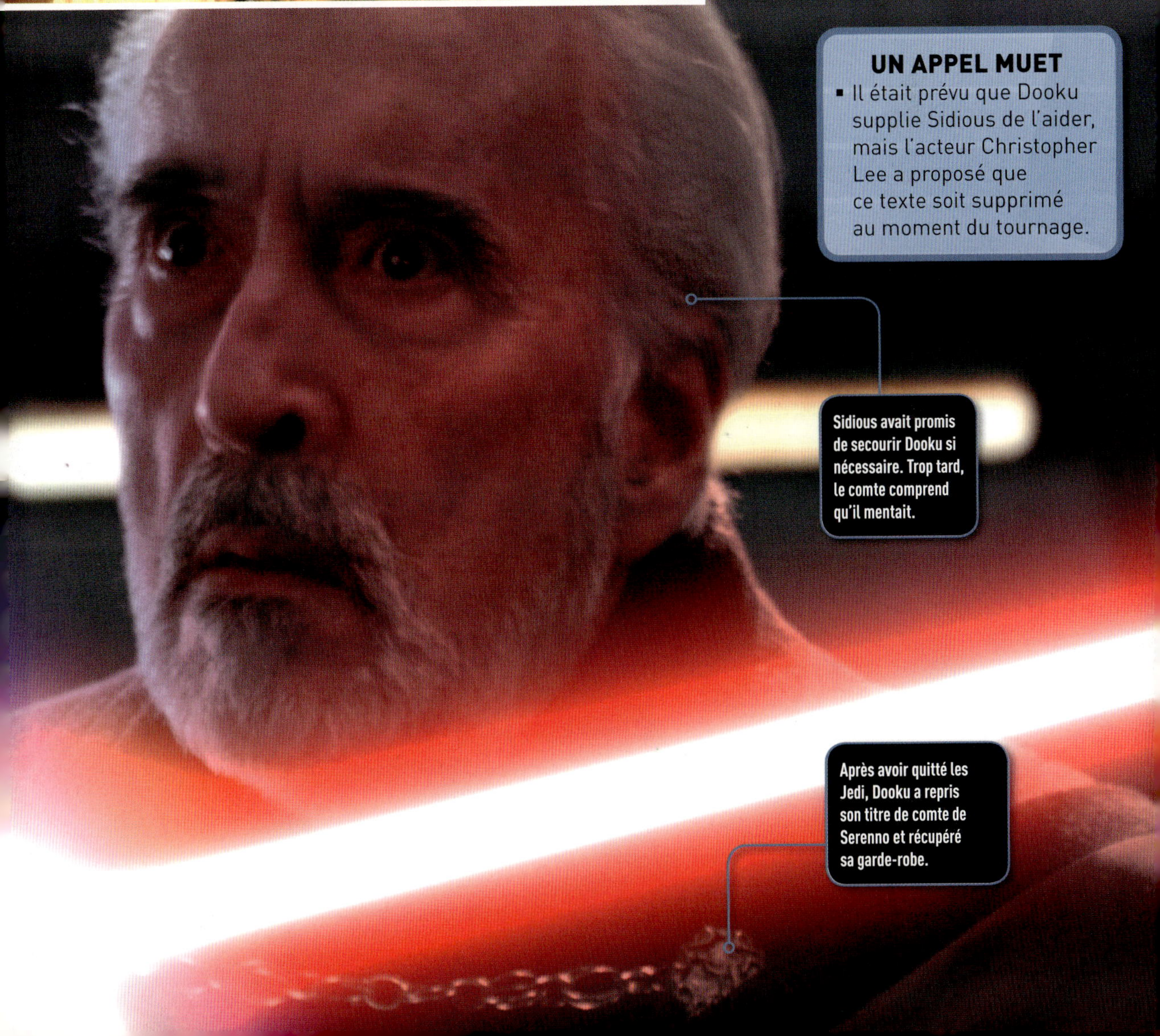

UN APPEL MUET

- Il était prévu que Dooku supplie Sidious de l'aider, mais l'acteur Christopher Lee a proposé que ce texte soit supprimé au moment du tournage.

Sidious avait promis de secourir Dooku si nécessaire. Trop tard, le comte comprend qu'il mentait.

Après avoir quitté les Jedi, Dooku a repris son titre de comte de Serenno et récupéré sa garde-robe.

COMBAT CONTRE GRIEVOUS

LES JEDI ONT sauvé Palpatine, mais ils restent piégés dans la *Main Invisible* où grouillent les droïdes de combat du général Grievous. Les flottes de guerre du seigneur de guerre cyborg ont ravagé bien des mondes de la République, et il a tué tous les Jedi venus l'affronter. Aussi cruel qu'impitoyable, Grievous déteste les Jedi et met un point d'honneur à en abattre le plus grand nombre, conservant chacun de leurs sabres laser en guise de trophée. Il veut faire d'Anakin et Obi-Wan ses prochaines victimes.

D2 FAIT DIVERSION.
Les troupes droïdes de Grievous capturent les Jedi, Palpatine et R2-D2, et les emmènent à la passerelle. Sur un signe d'Anakin, R2-D2 fait une diversion, permettant aux Jedi de saisir leur sabre laser.

VÉHICULE

Speeder pompier

Grievous est un Kaleesh reptilien dont il ne reste que quelques organes vivants.

Sous sa cape, Grievous conserve comme trophées les sabres laser pris aux Jedi qu'il a abattus.

"Vos sabres laser vont venir enrichir ma collection !"

LE GÉNÉRAL GRIEVOUS

PRISONNIERS DE GRIEVOUS

Les sabres laser des Jedi croisent les électrobâtons des redoutables MagnaGardes de Grievous. Prévoyant sa défaite, le cyborg s'enfuit et largue toutes les nacelles de secours du vaisseau — excepté celle dans laquelle il a pris place.

URGENCE

Le navire de Grievous commence à se disloquer. Anakin prend les commandes pour un atterrissage d'urgence sur Coruscant.

UNE JEDI DISPARAÎT.

- Au départ, les Jedi suivaient Shaak Ti jusqu'au vaisseau de Grievous grâce à une balise. Dans une scène coupée, Grievous exécutait Shaak Ti.

DROÏDE

MagnaGarde

PERSONNAGE CENTRAL

Le général Grievous

DILEMME ET LOYAUTÉ

SUR CORUSCANT Anakin retrouve Padmé, qu'il a épousée en secret. Elle lui annonce qu'elle est enceinte. Les bonnes nouvelles sont rares pour Anakin, dont la loyauté est mise à l'épreuve : Palpatine en a fait son émissaire auprès du Conseil Jedi, qui a accepté cette nomination mais a refusé à Anakin le rang de Maître Jedi, et l'a en plus chargé d'espionner le chancelier. Pire encore, Anakin rêve que Padmé meurt en couches. Ayant déjà eu une vision prémonitoire de la mort de sa mère, il se jure que celle-là ne se réalisera pas.

RÊVES DE DANGER
Anakin sait que son rêve où Padmé meurt n'est pas un simple cauchemar : grâce à la Force, il peut voir les choses avant qu'elles n'arrivent. Il ignore encore comment, mais il fera tout pour empêcher cette mort.

LE LAC DES SITH

- Anakin retrouve Palpatine à l'Opéra Galaxies, où une troupe de Mon Calamari danse « Le lac des Sith ».

Anakin parle à Yoda de ses visions mais lui cache son secret. Yoda lui répond qu'il faut savoir perdre ce à quoi on tenait.

SITE

L'Opéra Galaxies

LA FRUSTRATION D'ANAKIN
Le Conseil Jedi accorde un siège à Anakin mais lui refuse le rang de Maître, le privant de savoirs qui pourraient sauver Padmé.

TENTATION
Palpatine révèle à Anakin que le Seigneur Sith Darth Plagueis avait le pouvoir de créer la vie et d'empêcher la mort de ses proches. Anakin n'a pas conscience d'être pris dans le piège d'un Sith.

"C'est extrêmement risqué, de les associer."

MACE WINDU

Padmé espère avoir son bébé chez elle, sur Naboo, où l'accouchement restera un secret.

FACE-À-FACE SUR UTAPAU

LE CONSEIL JEDI charge Obi-Wan de capturer Grievous sur Utapau. Laissant ses troupes clones dans un croiseur stationné en orbite, Obi-Wan se rend sur la planète à bord de son chasseur et découvre que les droïdes de combat de Grievous retiennent la population en otage. Il défie le général en présence de ses légions de droïdes. Obi-Wan est seul contre tous, mais la Force est avec lui, et il entend bien ne pas laisser passer cette occasion unique de mettre un terme à la Guerre des Clones.

LE DÉFI

Grievous rassemble les chefs séparatistes en fuite à bord d'un navire qui les emmènera se cacher dans la Bordure Extérieure. D'un bond, Obi-Wan est parmi eux et défie Grievous devant tous ses gardes du corps droïdes.

Obi-Wan sait que Grievous se laisse dominer par sa fureur au point de prendre de gros risques dans le but de gagner à tout prix.

SITES

Utapau

Kashyyyk

"Salut à tous !"

OBI-WAN KENOBI

ARMÉ ET DANGEREUX
Pressé d'éliminer le Jedi trop curieux, Grievous ôte son manteau. Chacun de ses bras cybernétiques se sépare en deux, et le voilà qui brandit quatre sabres laser !

MAÎTRE DE LA FORCE
Chaque sabre laser dessine un cercle de mort dans la main de Grievous — et il en a quatre ! Obi-Wan n'est ni assez rapide ni assez puissant, mais la Force l'assiste dans son combat.

Grievous prétend que c'est volontairement qu'il a procédé à ses modifications corporelles de cyborg.

À TOURS DE BRAS

- Pour cette scène, l'acteur Ewan McGregor a dû affronter un cascadeur en imaginant qu'il avait quatre bras. Lucas décida de faire rapidement perdre deux mains à Grievous pour rendre la suite du duel plus facile à chorégraphier.

PERSONNAGES CENTRAUX

Chewbacca

Tarfful

Le commandant Cody

Le commandant Gree

R4-G9

Tion Medon

VÉHICULES

Canonnière droïde

Ornithoptère

Turbotank

MORT D'UN GÉNÉRAL

LES TROUPES CLONES envahissent Utapau, balayant les défenses de Grievous, qui prend la fuite sur un wheel bike monocycle. Obi-Wan enfourche un varactyl nommé Boga et se lance à sa poursuite. Les deux adversaires traversent en trombe les tunnels et les grottes de la planète, sous le regard sidéré des habitants d'Utapau. Grievous espère atteindre son chasseur, mais Obi-Wan le rattrape. L'heure de la confrontation finale est venue pour les deux ennemis.

L'INVASION D'UTAPAU
Le commandant Cody et ses clones investissent les puits d'Utapau et rencontrent la résistance de droïdes crabes, tridroïdes et autres monstres de métal, mais les clones bien aguerris prennent bientôt le dessus.

CRÉATURE

Varactyl

POURSUITE SOUTERRAINE
Boga garde le contact avec le wheel bike de Grievous, ce qui permet à Obi-Wan de combattre le cyborg. Après un affrontement violent, Obi-Wan parvient à faire tomber Grievous de son engin.

ENNEMI ÉLIMINÉ
Obi-Wan déchire l'armature protégeant les organes de Grievous puis s'empare d'un blaster et met un terme à la carrière du Séparatiste cyborg, qui finit carbonisé.

"Quel manque d'éducation !"
OBI-WAN KENOBI

DROÏDES

Droïde crabe

Tridroïde

VÉHICULES

Wheel bike

Le chasseur de Grievous

JOUER AVEC LE FEU

- En 2006, le fabricant de jouets Hasbro a produit une macabre figurine de Grievous le représentant au moment de sa mort, avec des flammes en plastique.

LE SECRET DE PALPATINE

UNE FOIS Grievous repéré par Obi-Wan, les Jedi décident de forcer Palpatine à démissionner s'il refuse de renoncer à ses pouvoirs dès la fin de la guerre. Quand Anakin apprend au chancelier que Grievous est localisé, il a la surprise d'entendre Palpatine lui proposer de sauver la vie de Padmé grâce au côté obscur de la Force — Anakin comprend alors que son mentor est le Seigneur Sith que recherchent les Jedi ! Il l'annonce à Mace Windu, qui rassemble un groupe de Jedi pour arrêter Palpatine. Mais capturer un Sith est une tâche ardue...

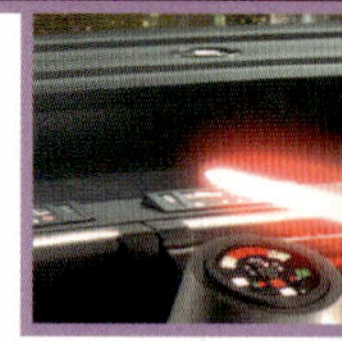

LA CONFESSION DU CHANCELIER
Quand il découvre que Palpartine est un Seigneur Sith, Anakin s'apprête à le tuer, mais il redoute que le secret qui sauvera Padmé ne périsse avec lui. Il décide donc de livrer Palpatine aux Jedi.

ENFIN UN COMBAT
- Dans l'Épisode III, Ian McDiarmid est Palpatine/Sidious pour la quatrième fois, mais il n'avait encore jamais tenu un sabre laser.

LA MISSION DE MACE
Percevant la peur et la confusion chez Anakin, Windu lui ordonne de rester au Temple Jedi. Dans le bureau du chancelier, Sidious terrasse Saesee Tiin, Agen Kolar et Kit Fisto, grâce aux pouvoirs qu'il tire du côté obscur.

LE SEIGNEUR SITH SE DÉVOILE. Mace Windu survit à l'attaque de Sidious et commence à combattre le chancelier. Il ignore encore qu'Anakin est en route pour le bureau de Palpatine, terrifié à l'idée que la mort du Sith n'entraîne celle de Padmé.

"Vous êtes en état d'arrestation, chancelier !"
MACE WINDU

Le Jedi Nautolan Kit Fisto a pris part aux batailles de Géonosis, Vassek, Mon Cala et Lola Sayu.

PERSONNAGE CENTRAL

Agen Kolar

LA CHUTE D'ANAKIN

À SON ARRIVÉE dans le bureau de Palpatine, Anakin découvre Mace Windu et le chancelier en plein duel. Windu désarme Sidious, qui riposte avec des éclairs de la Force tout en suppliant Anakin de l'aider, car seul le Sith a le pouvoir de sauver Padmé. Désespéré, Anakin vient au secours de Sidious et s'engage à lui obéir s'il lui apprend comment empêcher la mort de sa femme. Sidious accepte de faire d'Anakin son apprenti et lui donne un titre Sith : désormais il s'appellera Darth Vader.

AU BOUT DU SABRE
Mace Windu sait que les Jedi et la République sont menacés de disparition, mais le funeste Seigneur Sith est maintenant à sa merci. Le Jedi s'apprête à frapper Sidious pour que cesse la menace qui pèse sur la galaxie.

En ricochant sur le sabre de Windu, les éclairs de la Force ont défiguré Sidious.

Anakin est devenu Darth Vader, le serviteur de Darth Sidious. Deux Sith seulement peuvent porter en même temps le titre de « Darth » : un maître et son apprenti(e).

FAIRE JUSTICE
Horrifié, Anakin découvre Windu qui s'apprête à frapper à mort le Seigneur Sith, qu'il juge trop dangereux pour être laissé en vie et passé en jugement.

« TU DOIS CHOISIR ! »
Le coup fatal n'aura pas lieu : Anakin tranche la main de Windu. Sidious en profite pour foudroyer le Maître Jedi avant de le précipiter dans le vide. Anakin vient de faire un choix décisif, pour lui-même comme pour l'ensemble de la galaxie.

> **"Levez-vous !"**
> **DARTH SIDIOUS**

DU TEMPS ET DES SABRES

- Pour que les vues de Coruscant restent cohérentes, la succession des jours et des nuits a été soigneusement planifiée, et une charte de la circulation aérienne sur la cité-planète a été établie.
- Le sabre laser de Mace Windu est le seul dans toute la saga *Star Wars* à avoir une lame mauve, à la demande de l'acteur Samuel L. Jackson. Bien que Windu ait fait ses débuts dans l'Épisode I, c'est seulement dans l'Épisode II qu'il allume son sabre laser à l'écran.

LA CHUTE DES JEDI

L'ÉTAPE SUIVANTE du plan de Darth Sidious consiste à anéantir les Jedi avant qu'ils apprennent ce qui s'est passé sur Coruscant. Sidious ordonne donc aux commandants clones d'exécuter l'Ordre 66 : ils doivent retourner leurs armes contre les généraux Jedi. Formés à l'obéissance aveugle, les clones agissent instinctivement. Trop peu nombreux et pris au dépourvu, les Jedi sont sans défense. En quelques minutes, dans toute la galaxie, des milliers de membres de l'Ordre Jedi disparaissent dans des embuscades.

SUR ORDRE DE CODY

Sur Utapau, le commandant Cody reçoit l'Ordre 66 et ouvre le feu sur Obi-Wan et son varactyl. Le Jedi fait une chute vertigineuse dans l'eau. Cody ordonne à ses troupes de rechercher le général déchu.

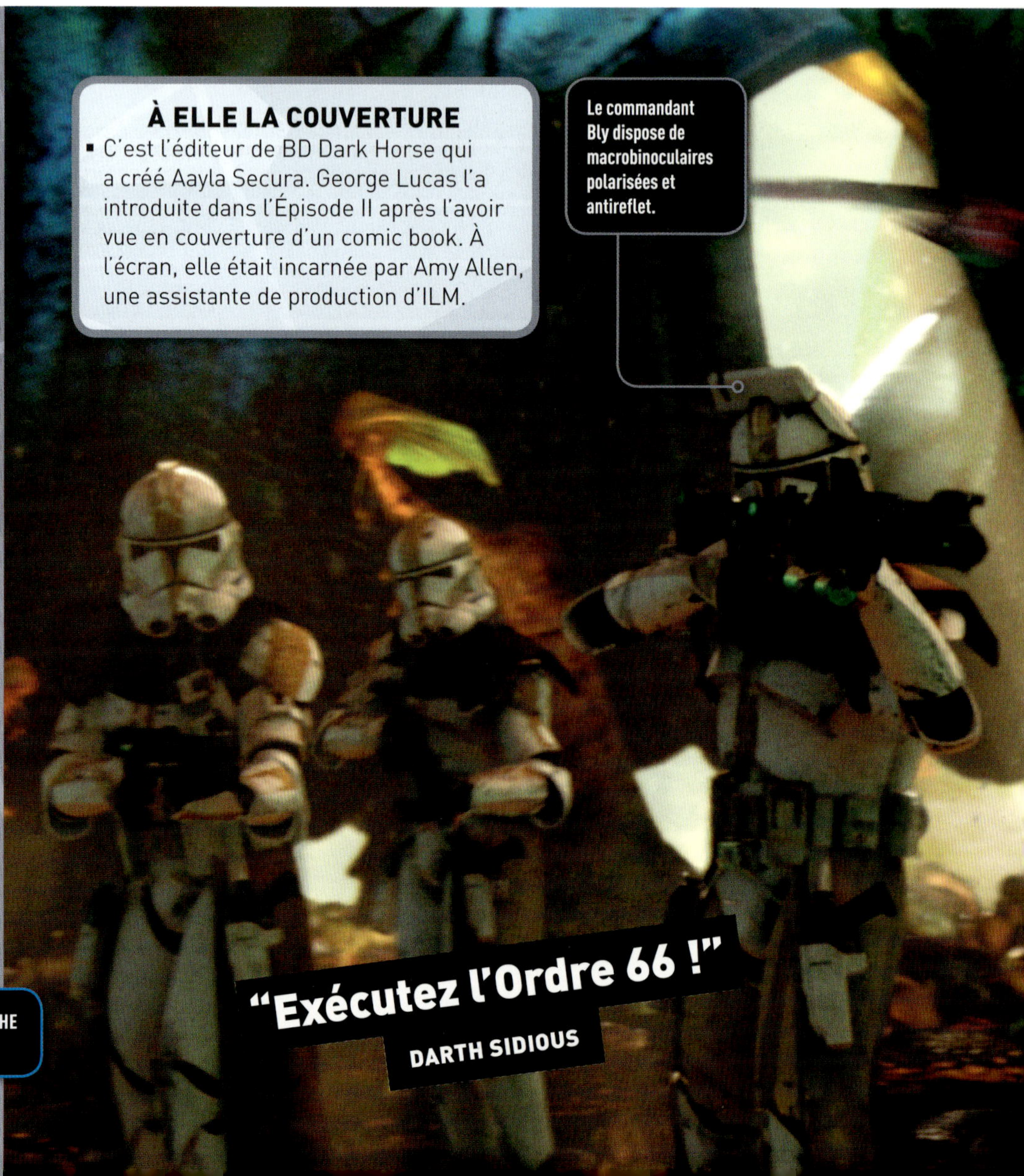

À ELLE LA COUVERTURE

- C'est l'éditeur de BD Dark Horse qui a créé Aayla Secura. George Lucas l'a introduite dans l'Épisode II après l'avoir vue en couverture d'un comic book. À l'écran, elle était incarnée par Amy Allen, une assistante de production d'ILM.

Le commandant Bly dispose de macrobinoculaires polarisées et antireflet.

"Exécutez l'Ordre 66 !"

DARTH SIDIOUS

OBÉIR AUX ORDRES
Les clones reçoivent l'Ordre 66 sans émotion et l'appliquent sans hésiter. Leur absence de sentiments empêche un Jedi comme Ki-Adi-Mundi de deviner grâce à la Force les intentions de ses troupes.

JEDI SURVIVANTS
Seuls quelques Jedi perçoivent le danger. Obi-Wan échappe à la mort sur Utapau. Sur Kashyyyk, Yoda réagit juste avant d'être abattu.

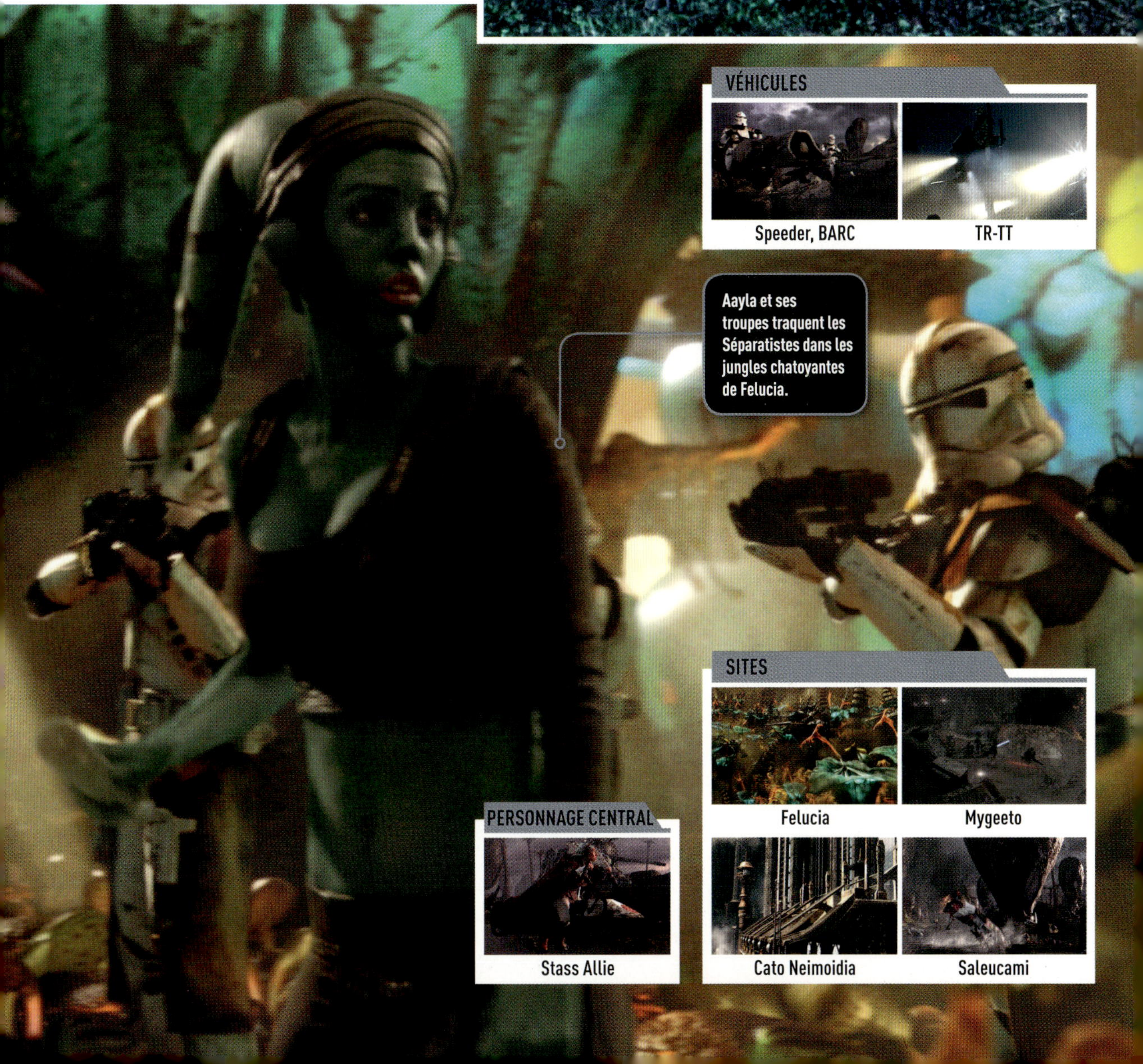

Aayla et ses troupes traquent les Séparatistes dans les jungles chatoyantes de Felucia.

VÉHICULES

Speeder, BARC

TR-TT

SITES

Felucia

Mygeeto

Cato Neimoidia

Saleucami

PERSONNAGE CENTRAL

Stass Allie

L'ATTAQUE DU TEMPLE

SIDIOUS ENVOIE ANAKIN au Temple Jedi de Coruscant avec une mission effroyable : y tuer tous les Jedi ! Il prétend qu'en les anéantissant jusqu'au dernier, Anakin acquerrera suffisamment de la puissance du côté obscur pour sauver Padmé. Aveuglé par la terreur de perdre sa femme, le nouvel apprenti Sith obéit sans discussion. À la tête de soldats clones, Darth Vader pénètre dans le Temple et massacre ses anciens amis et collègues de l'Ordre Jedi. Bientôt des flammes montent dans le ciel de Coruscant...

UN SITH IMPITOYABLE
Au Temple Jedi, quelques jeunes éléments se cachent dans la Chambre du Conseil, mais Anakin les trouve et les tue. Son voyage vers le côté obscur est accompli.

PERSONNAGES CENTRAUX

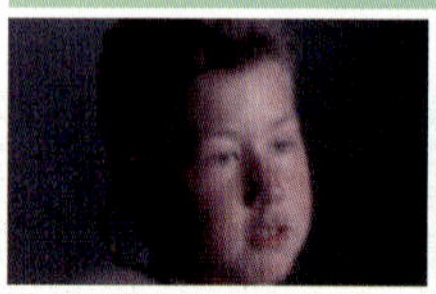

Zett Jukassa

Sors Bandeam

VÉHICULE

Airspeeder XJ-2

“Faites ce qu'il convient de faire, Seigneur Vader. N'hésitez pas. Soyez sans pitié.”
DARTH SIDIOUS

Les sculptures qui ornent les colonnes représentent les quatre fondateurs du Temple.

TÉMOIN IMPUISSANT
Depuis son appartement, Padmé voit la fumée qui s'élève au-dessus du Temple, puis elle apprend qu'Anakin est là-bas. Dévorée d'inquiétude, elle ne sait rien de ce qui est arrivé à son époux...

« IL FAUT QUE VOUS PARTIEZ ! »
Bail Organa, le sénateur d'Alderaan, se rend au Temple. Il constate que des clones lui barrent l'entrée et, horrifié, il les voit abattre un jeune padawan qui fuyait. Il parvient à sauver sa vie, mais l'avenir de la galaxie l'inquiète.

LES MORTS D'UNE JEDI

- Après avoir renoncé à faire tuer la Jedi Shaak Ti par Grievous au début de l'Épisode III, Lucas a tourné une nouvelle scène dans laquelle c'est Anakin qui la tue lors de l'attaque du Temple. Cette scène a également été supprimée.

Les soldats d'Anakin issus de la 501e Légion sont appelés Le Poing de Vader.

L'EMPIRE EST PROCLAMÉ.

ANAKIN REGAGNE l'appartement de Padmé avant de se rendre dans le système de Mustafar pour éliminer les dirigeants séparatistes. Entre-temps, Bail Organa recueille Yoda puis Obi-Wan. Les Jedi décident d'aller au Temple éteindre un signal qui indique aux Jedi de revenir sur Coruscant. Au sénat, lors d'une séance spéciale, Palpatine – défiguré par la foudre de la Force – proclame la fin de la Guerre des Clones et l'échec de la rébellion des Jedi. Sous sa direction, la République va devenir l'Empire Galactique.

ADIEUX

Anakin explique à Padmé que les Jedi ont tenté de renverser la République mais qu'il reste fidèle à Palpatine. Il lui promet de revenir bientôt de Mustafar, et qu'alors tout sera différent.

PERSONNAGE CENTRAL

Sly Moore

VÉHICULE

Le *Délivrance*

Le président du sénat Mas Amedda exhibe le bâton officiel de sa charge.

JEDI EN FUITE
Secourus par le sénateur Organa, Yoda et Obi-Wan décident de le suivre sur Coruscant, malgré le danger pesant sur les survivants de l'Ordre 66.

L'AVERTISSEMENT D'OBI-WAN
Après avoir vu Palpatine se proclamer empereur, Padmé rencontre Obi-Wan, qui lui apprend le choix d'Anakin et lui demande où il se trouve. Craignant pour la vie de son mari, Padmé refuse de répondre.

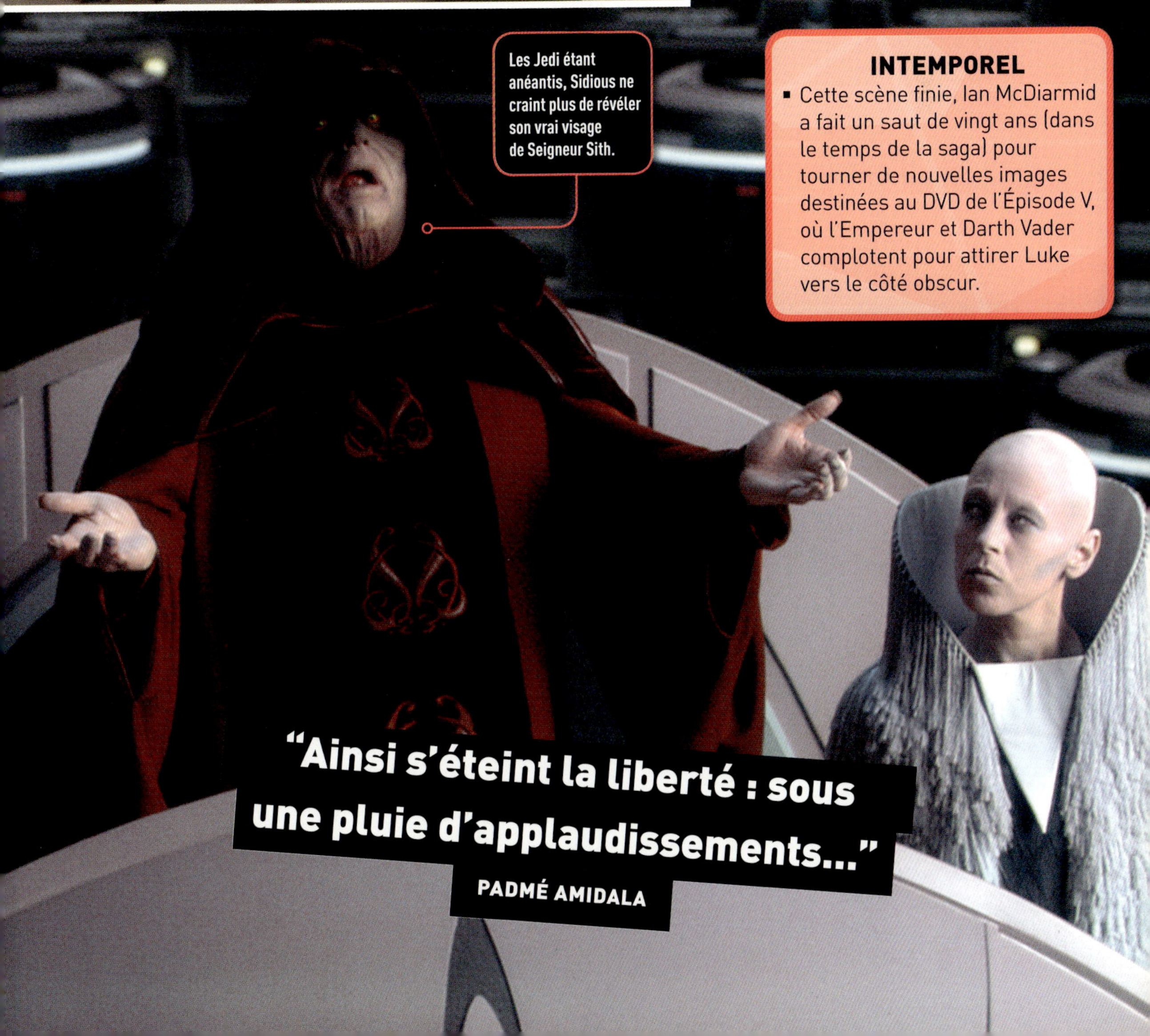

Les Jedi étant anéantis, Sidious ne craint plus de révéler son vrai visage de Seigneur Sith.

INTEMPOREL

- Cette scène finie, Ian McDiarmid a fait un saut de vingt ans (dans le temps de la saga) pour tourner de nouvelles images destinées au DVD de l'Épisode V, où l'Empereur et Darth Vader complotent pour attirer Luke vers le côté obscur.

"Ainsi s'éteint la liberté : sous une pluie d'applaudissements..."

PADMÉ AMIDALA

LE CHOIX D'ANAKIN

SUR MUSTAFAR, Anakin massacre les dirigeants séparatistes, prenant un plaisir particulier à la mort de l'ennemi juré de Padmé, Nute Gunray. Il a alors la surprise de voir atterrir le vaisseau de sa femme. Elle le supplie de la suivre et de se consacrer à leur enfant, mais Anakin refuse qu'ils se cachent : il a apporté la paix à la République, et avec Padmé il peut renverser Sidious pour que leur couple gouverne la galaxie. Il est déçu de voir Padmé fondre en larmes — et furieux en découvrant la présence d'Obi-Wan Kenobi.

LA VISION DE VADER
Padmé et C-3PO se rendent sur Mustafar, sans savoir qu'Obi-Wan s'est glissé à bord. Padmé espérait détourner Anakin du chemin ténébreux qu'il a pris, mais il a désormais des rêves de conquête.

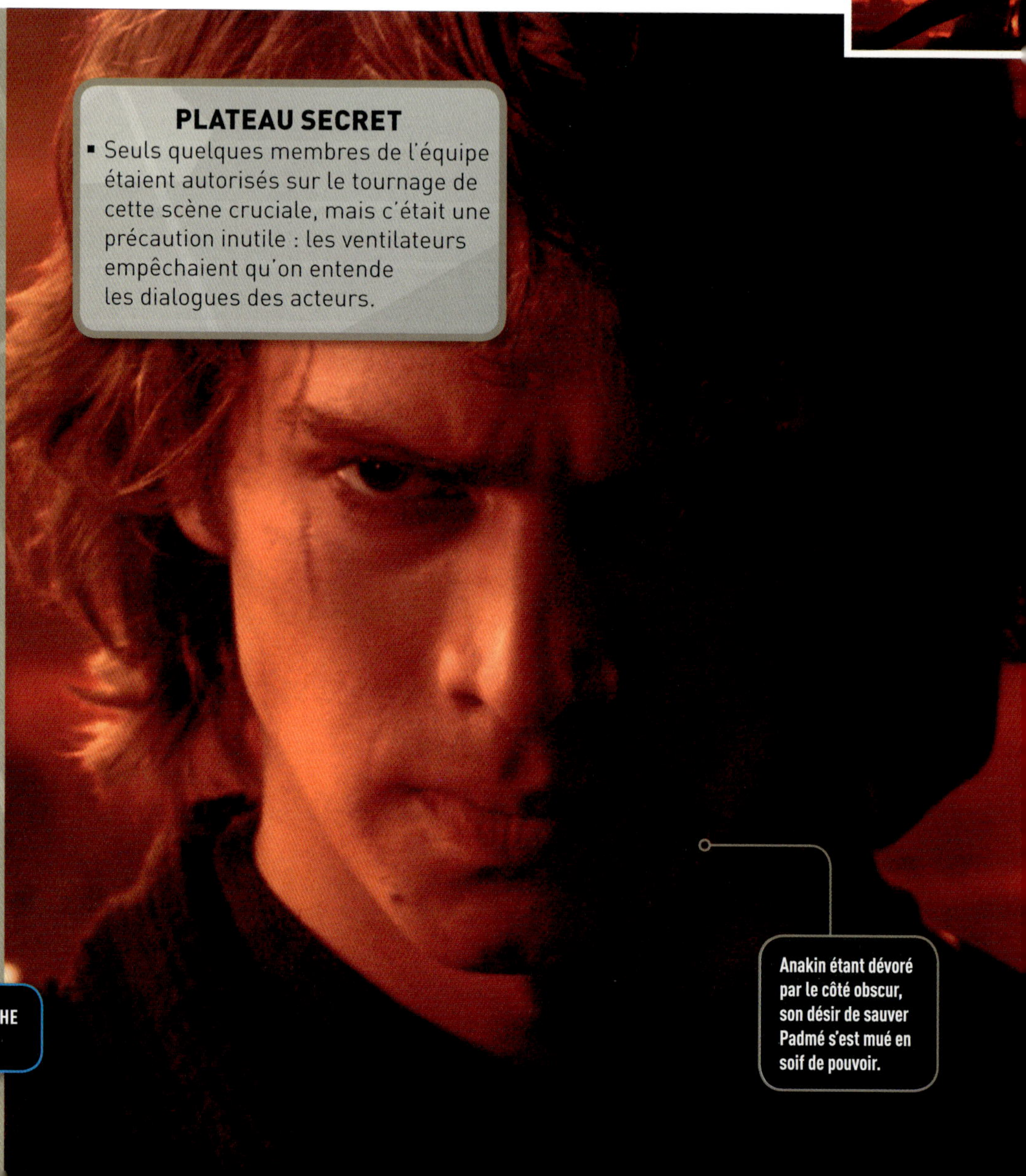

PLATEAU SECRET

- Seuls quelques membres de l'équipe étaient autorisés sur le tournage de cette scène cruciale, mais c'était une précaution inutile : les ventilateurs empêchaient qu'on entende les dialogues des acteurs.

Anakin étant dévoré par le côté obscur, son désir de sauver Padmé s'est mué en soif de pouvoir.

PASSAGER CLANDESTIN
Quand Anakin découvre Obi-Wan, il pense que Padmé l'a trahi et que son ancien maître est venu sur Mustafar pour le tuer.

LA FUREUR DU SEIGNEUR SOMBRE
Fou de rage, Anakin emploie la Force pour étrangler Padmé et accuse Obi-Wan de l'avoir détournée de lui. Obi-Wan tente de raisonner son ancien padawan, mais il est trop tard, le côté obscur l'aveugle.

"Seuls les Sith sont aussi absolus !"
OBI-WAN KENOBI

Obi-Wan hésite à affronter Anakin car Yoda a constaté que le Jedi n'était pas assez puissant pour se mesurer à Sidious.

SITES

Mustafar

Le complexe minier

PERSONNAGES CENTRAUX

Passel Argente

Shu Mai

CRÉATURE

Puce de lave de Mustafar

VÉHICULE

Esquif stellaire naboo

FACE-À-FACE SUR CORUSCANT

TANDIS QU'OBI-WAN recherchait Anakin, Yoda est allé affronter le maître de l'apprenti Sith en combattant Sidious dans le bureau situé sous le sénat. Le Seigneur Sith savoure l'idée de tuer ce Jedi légendaire, et il utilise le côté obscur de la Force pour précipiter des nacelles sénatoriales sur Yoda. Les deux adversaires sont parmi les meilleurs pratiquants de la Force dans toute la galaxie, mais le côté obscur favorise Sidious. Comprenant qu'il ne vaincra pas le nouvel empereur, Yoda préfère s'enfuir.

SOUS LE SÉNAT
Au cours de leur duel, Sidious provoque Yoda en déclarant que Darth Vader sera encore plus puissant qu'eux deux réunis.

Son combat contre Sidious a épuisé Yoda, qui est pourtant le plus puissant des Jedi.

MAÎTRES DE LA FORCE

Au cours de sa longue histoire, la Chambre du sénat a connu bien des discours et des débats, mais nul affrontement politique ne se compare au duel opposant Yoda à Sidious — un Jedi contre un Sith.

LE JEDI INTROUVABLE

Yoda lâche prise et tombe dans les profondeurs de la Chambre du sénat, où les soldats clones de Sidious le cherchent en vain — le Maître Jedi s'est enfui dans le speeder de Bail Organa.

UN COUP DE MAIN

- Steven Spielberg, l'ami de toujours de George Lucas et co-créateur d'Indiana Jones, a dirigé des animatiques du duel au sénat où le combat se déroulait sous les yeux de toute la galaxie.

"Si de tels pouvoirs tu détiens, pourquoi chercher à fuir ?"

YODA

Sidious produit la terrible foudre de la Force en puisant dans le côté obscur.

SITE

Le bureau de Palpatine

DUEL SUR MUSTAFAR

OBI-WAN RETROUVE Anakin et ils entament leur duel, à coups de sabres laser et avec l'assistance de la Force. Au cours du combat, les systèmes qui protègent le complexe minier contre la chaleur de la lave de Mustafar sont endommagés, et les deux adversaires poursuivent leur affrontement le long d'une rivière de magma, juchés sur une miniplate-forme et un droïde affolé. Obi-Wan saute sur la berge dans une position favorable. Enragé par le côté obscur, Anakin attaque malgré tout — et commet une grave erreur.

FRATRICIDE
Pour l'emporter, Anakin et Obi-Wan emploient leur sabre laser mais aussi leurs poings. Persuadé que les Jedi ont trahi la République et lui-même, Anakin veut la mort de son ex-maître et ami.

DROÏDE

Droïde de Mustafar

EN POSITION FAVORABLE

Obi-Wan est le premier à s'éloigner de la lave en sautant sur la berge. Encore plein de compassion pour son ancien padawan, il conseille à Anakin de ne pas insister, mais Anakin est assourdi par la haine.

DESTIN DE JEDI

Anakin finit le combat mutilé et inoffensif. Obi-Wan s'en va, plein de chagrin et d'horreur, tandis que celui qui était l'Élu des Jedi prend feu.

"Nous étions comme des frères ! Je t'aimais, Anakin !"
OBI-WAN KENOBI

UN FROID DE LAVE

- Une équipe des effets visuels a passé plusieurs mois à tourner ces scènes avec une maquette de Mustafar de 6 x 9 mètres. En fait, la lave était à base de methocel, une poudre qui se gélifie dans l'eau froide. De la litière pour chat y a été incorporée pour former des grumeaux, et sa teinte orangée venait de spots placés sous la maquette.

LA NAISSANCE DES JUMEAUX

OBI-WAN QUITTE Mustafar et emmène Padmé sur la planète Polis Massa, où les attendent Yoda et Bail Organa. Des droïdes médicaux tente de sauver la jeune femme — en vain : elle a perdu le goût de vivre. Les droïdes mettent au monde non pas un enfant mais des jumeaux. Avant de s'éteindre, Padmé les baptise Luke et Leia. Yoda, Obi-Wan et Bail Organa savent que les enfants d'Anakin Skywalker seront très sensibles à la Force. Il va falloir cacher leur existence aux sbires du nouvel empereur Sith.

MÉDECINS DROÏDES
L'isolement de Polis Massa en fait l'endroit idéal pour accoucher en secret. Les droïdes ne comprennent pas pourquoi ils ont échoué à sauver Padmé, mais Bail Organa sait que certains cœurs brisés sont incurables.

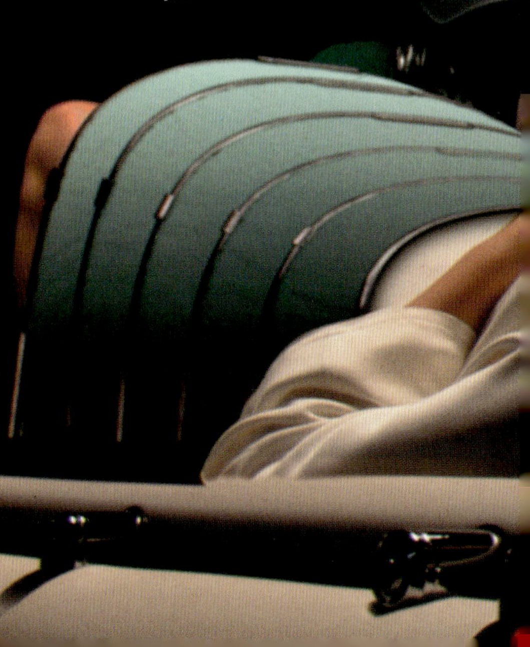

PERSONNAGES CENTRAUX

La reine Apailana

Sio Bibble

Ruwee Naberrie

Jobal Naberrie

Sola Naberrie

SITE

Polis Massa

"Obi-Wan, il y a du bon en lui. Je le sais."
PADMÉ AMIDALA

PREMIERS PAS

- Pour les gros plans, Luke et Leia étaient incarnés par Aidan Barton, le fils du monteur Roger Barton. Un bébé de caoutchouc a été utilisé pour les autres plans des jumeaux.

LA SUPPLIQUE DE PADMÉ

Padmé vit assez longtemps pour voir ses bébés et leur donner un nom : Luke et Leia. Elle est persuadée que leur père est encore en vie, et qu'il n'est pas encore totalement corrompu.

FUNÉRAILLES SUR NABOO

Padmé est inhumée comme si elle était toujours enceinte. Elle tient l'amulette qu'Anakin lui a donnée autrefois.

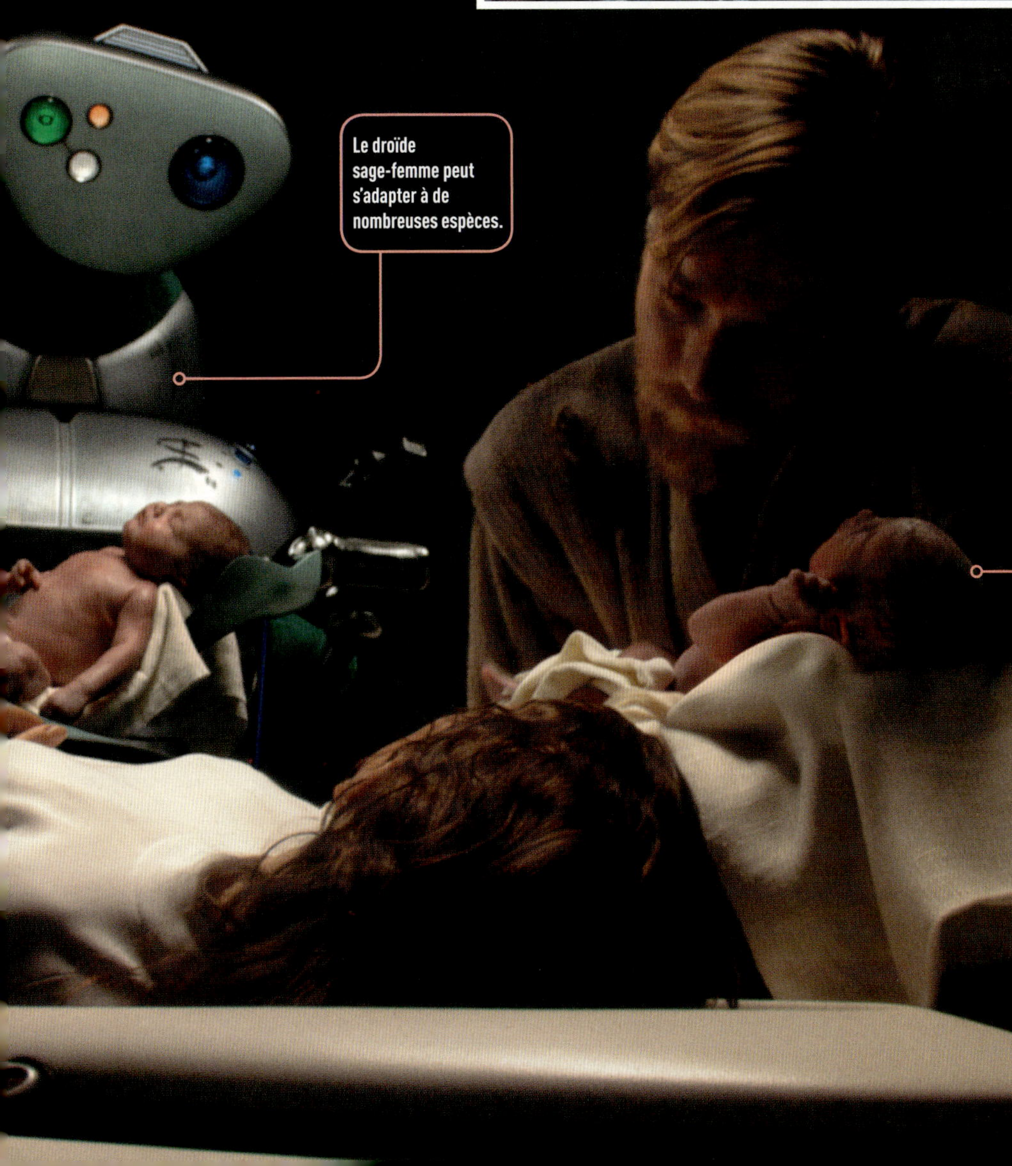

Le droïde sage-femme peut s'adapter à de nombreuses espèces.

Né quelques instants avant sa sœur, Luke ne la retrouvera pas avant près de vingt ans.

DROÏDES

Droïde d'analyses médicales

Droïde accoucheur

DARTH VADER ENTRE EN SCÈNE.

CROYANT ANAKIN condamné, Obi-Wan a abandonné son ancien ami en emportant son sabre laser. Les Jedi survivants pensent que l'Élu est mort, victime comme tant d'autres des Sith. Mais l'Empereur perçoit la détresse d'Anakin et le découvre, encore en vie, près de la rivière de lave. Des droïdes médicaux soignent ses blessures, et il est placé dans une armure noire qui assurera la survie de son corps ravagé. Piégé sous son masque, Darth Vader, Anakin choisit de fuir le passé et d'oublier celui qu'il a été.

MACHINE SITH
Désormais Anakin est davantage une machine qu'un homme. Il ne sera pas le puissant apprenti qu'espérait Sidious, mais le Seigneur Sith saura employer Vader en attendant de lui trouver un remplaçant.

Anakin est entravé pour mieux supporter sa douloureuse métamorphose.

III LA REVANCHE DES SITH

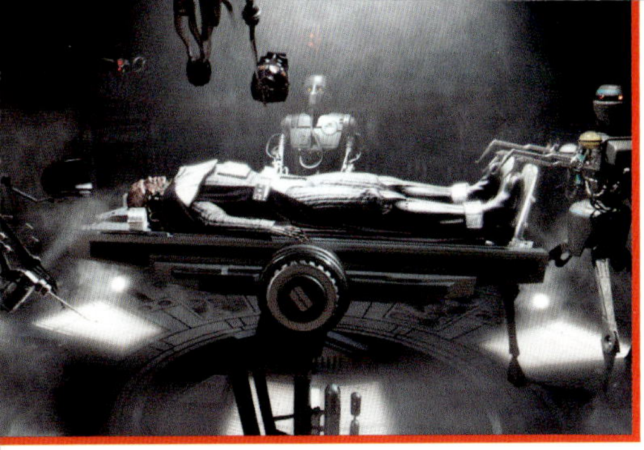

SOMBRE MÉTAMORPHOSE

Sidious emmène Anakin sur Coruscant, où il échappe à la mort mais perd son humanité. Ceux qui s'opposent à l'empereur Palpatine vont apprendre à redouter Darth Vader, son impitoyable valet.

SOUS LE MASQUE

Enfermé dans le masque de Vader, Anakin demande à Sidious si Padmé est en vie et apprend qu'il l'a tuée. Anakin voulait que le côté obscur sauve sa femme, mais il lui aura au contraire été fatal.

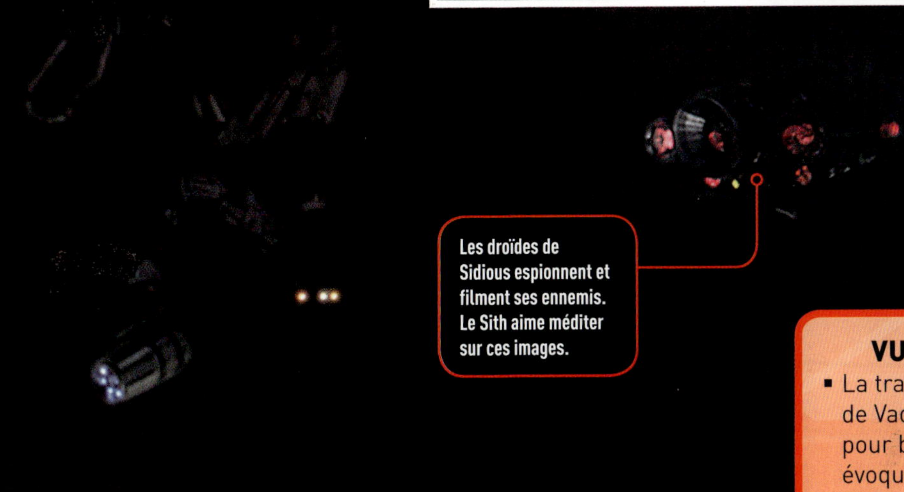

Les droïdes de Sidious espionnent et filment ses ennemis. Le Sith aime méditer sur ces images.

VU AU CINÉMA

- La transformation de Vader et ses efforts pour briser ses chaînes évoquent la création du monstre dans *Frankenstein*, le film d'épouvante de 1931.

"Seigneur Vader, est-ce que vous m'entendez ?"

DARTH SIDIOUS

PERSONNAGE CENTRAL

Darth Vader

SITE

Centre de convalescence

VÉHICULES

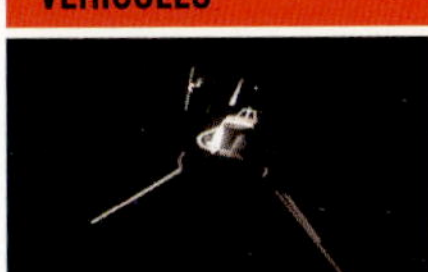

Navette de classe *Thêta*

Chasseur V-wing

DROÏDES

Droïde 2-1B

Droïde hachoir

EXILS ET ESPÉRANCES

LES ENFANTS d'Anakin et Padmé sont séparés par mesure de sécurité. Obi-Wan emmène Luke sur Tatooine, à la ferme d'humidité du beau-frère d'Anakin, Owen Lars. Sur Alderaan, Bail et sa femme élèveront Leia comme leur fille. Organa se jure de combattre l'Empereur dans l'enceinte du sénat, mais Yoda et Obi-Wan doivent partir en exil. À l'écart de l'Empire, ils s'efforceront de consolider le lien qui les unit à la Force. Les Jedi sont vaincus, mais un jour peut-être les enfants d'Anakin aideront l'Ordre à se rétablir...

CE QUE L'EMPEREUR VEUT. Darth Vader aide son maître à écraser toute résistance au nouvel Empire, et s'occupe de projets tels que la construction de l'Étoile Noire.

ENSEMBLE OU PAS

- Joel Edgerton (Owen) n'étant pas disponible lors du tournage, il a été filmé séparément d'Ewan McGregor et Bonnie Piesse (Beru), puis ajouté au plan après coup.
- Par coïncidence, il se trouve que cette scène fut la dernière que McGregor avait à tourner.

Un vaporateur peut tirer jusqu'à 1,5 litre d'eau par jour de l'air asséché de Tatooine.

LA PRINCESSE D'ALDERAAN

Bail Organa se lance dans un long combat pour le retour de la paix dans la galaxie. Plus tard, sa fille adoptive l'imitera, suivant l'exemple de sa mère biologique Padmé Amidala.

FILS DES SOLEILS

Obi-Wan confie Luke à Owen et sa femme Beru, dans l'espoir qu'il grandira en sécurité sur Tatooine — en ignorant tout du tragique destin de son père. Mais la Force a d'autres desseins pour le fils d'Anakin Skywalker.

Après avoir apprécié la proximité d'Obi-Wan, qui veillait sur Luke, Owen finira par ne plus la supporter.

SITE

Dagobah

PERSONNAGES CENTRAUX

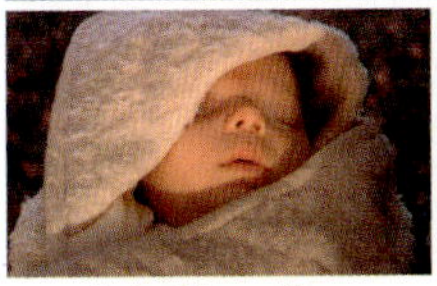

Luke Skywalker

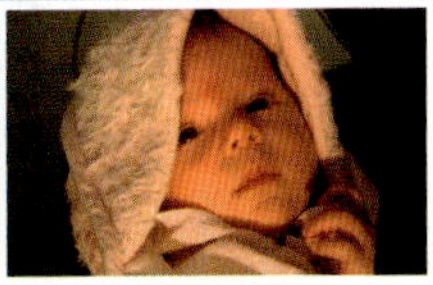

Leia Organa

Breha Organa

Le capitaine Antilles

UNE PRINCESSE CAPTIVE

DIX-HUIT ANS après la fin de la République, les bâtiments de guerre et les stormtroopers de l'empereur Palpatine ont écrasé la résistance partout dans la galaxie. Ses rares adversaires ont constitué l'Alliance Rebelle, dont les espions ont volé les plans de l'Étoile Noire, une station de combat capable de pulvériser une planète. Les documents ont été transmis à la princesse Leia Organa, sénatrice d'Alderaan, qui est aussi l'un des chefs clandestins de la Rébellion. Leia se hâte de rentrer chez elle, mais l'Empire est à ses trousses.

LE VAISSEAU CAPTURÉ
Au-dessus de la désertique planète Tatooine, un Star Destroyer impérial arraisonne le vaisseau de Leia. Les troupes sont menées par Darth Vader, le Seigneur Sith valet de l'empereur Palpatine.

D'UN NAVIRE À L'AUTRE

- À l'origine le *Tantive IV* était le vaisseau pirate de Han Solo, mais un modèle similaire est apparu dans la série Cosmos 1999, qui passait déjà à la télévision. Joe Johnston a donc créé un autre appareil au cockpit en « tête de marteau », qui devint celui de Leia.

UNE MISSION DÉSESPÉRÉE
Leia cache les plans de l'Étoile Noire dans la mémoire de l'astromech R2-D2, qui s'évade du vaisseau avec son ami C-3PO à bord d'une nacelle de secours. La princesse est alors capturée et conduite devant Vader.

UN DÉFI AU SÉNAT
Furieuse, Leia proteste qu'elle est une sénatrice en mission diplomatique, mais Vader l'accuse d'appartenir à l'Alliance Rebelle.

VÉHICULES

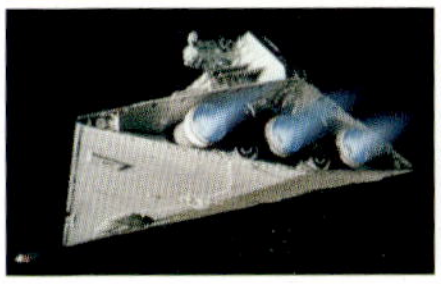
Star Destroyer impérial

Le *Tantive IV*

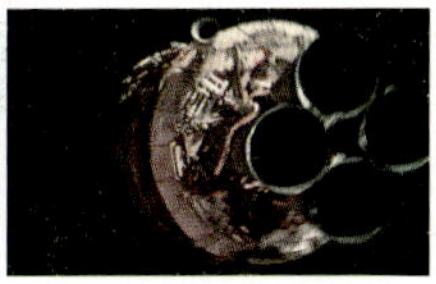
Capsule de sauvetage

PERSONNAGES CENTRAUX

La princesse Leia Organa

Le commandant Jir

"Cette fois, la princesse Leia ne pourra pas s'échapper !"
C-3PO

LES SABLES DE TATOOINE

AVANT D'ÊTRE CAPTURÉE, la princesse Leia confie à R2-D2 les plans de l'Étoile Noire, qu'il devra apporter à Obi-Wan Kenobi, l'ex-Chevalier Jedi qui a servi son père Bail Organa lors de la Guerre des Clones. Elle a enregistré un message suppliant Obi-Wan d'emmener R2 sur Alderaan. À peine posés sur Tatooine à bord d'une nacelle de secours, C-3PO et R2-D2 se disputent. Sa mémoire a été effacée et C-3PO a oublié qu'il connaît Tatooine. Tout ce qu'il sait, c'est qu'il a son compte d'aventures.

FÂCHÉS
R2-D2 est certain de savoir quel chemin il faut suivre, mais C-3PO n'est pas d'accord, et il s'enfonce seul dans les dunes de Tatooine.

DROÏDES

Droïde d'alimentation

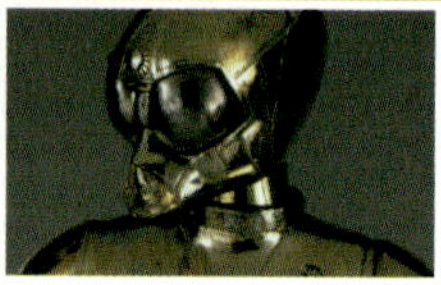
Droïde protocolaire RA-7

Droïde secrétaire CZ

CRÉATURE

Dewback

VÉHICULES

Chenille des sables

Transport impérial

"Nous sommes perdus !"
C-3PO

Les Jawas tirent sur R2-D2 avec un blaster ionique de leur fabrication, le mettant hors-service.

IV UN NOUVEL ESPOIR

CHASSE AUX DROÏDES

Darth Vader a compris que Leia a caché les plans dans la nacelle éjectée. Des stormtroopers retrouvent dans le sable l'engin et une pièce métallique. Désormais ce sont des droïdes qu'ils recherchent.

PRISONNIERS DES JAWAS

Les Jawas s'emparent de R2-D2 et l'amènent à leur chenille des sables pour le revendre à des colons de Tatooine. Leur engin est rempli de droïdes, parmi lesquels un autre prisonnier : C-3PO.

Pour les Jawas, la chenille des sables est un véhicule, un atelier et une forteresse mobile.

UNE INVASION ?

- Les scènes avec la chenille des sables ont été tournées à la frontière entre la Tunisie et la Libye. Des officiels libyens ont tenu à inspecter l'engin, craignant qu'il s'agisse d'une opération militaire tunisienne.

LUKE SKYWALKER

LES JAWAS vendent les droïdes à Owen Lars et son neveu Luke Skywalker. Ce dernier est un pilote doué qui rêve d'intégrer l'Académie impériale et qui vit mal le fait de devoir rester à la ferme d'humidité de son oncle. En nettoyant R2-D2, Luke trouve un message, incomplet, dans lequel une mystérieuse jeune femme appelle à l'aide un certain Obi-Wan Kenobi. Décidé à accomplir sa mission, R2-D2 parvient à se faire retirer par Luke le plot se sécurité qui l'empêche de quitter la ferme.

VENDU !
Les droïdes étant partout dans la galaxie, Owen Lars a oublié qu'il a connu C-3PO autrefois. Il achète le droïde de protocole ainsi qu'un autre, nommé R5-D4, qui tombe aussitôt en panne et que remplace R2-D2.

PERSONNAGES CENTRAUX

Luke Skywalker

Owen Lars

Beru Lars

R5-D4

Luke a abîmé son Skyhopper T-16 dans le célèbre Canyon du mendiant.

"Au secours, Obi-Wan Kenobi ! Vous êtes mon seul espoir !"
LA PRINCESSE LEIA

R2-D2 peut enregistrer et projeter des messages holographiques comme celui de Leia, mais mentir à Luke était une initiative personnelle !

UNE QUERELLE QUOTIDIENNE
Luke se dispute avec Owen à propos de l'Académie, et Beru remarque qu'il ressemble trop à son père. « C'est bien ce qui me fait peur », rétorque Owen.

ROBOT EN FUITE
Luke découvre que R2-D2 s'est enfui pendant la nuit. À cause des Pillards Tuskens, il décide d'attendre le matin pour partir à la recherche du droïde, avant que son oncle Owen s'aperçoive de cette disparition.

DROÏDES

Droïde Treadwell

Astromech de série R1

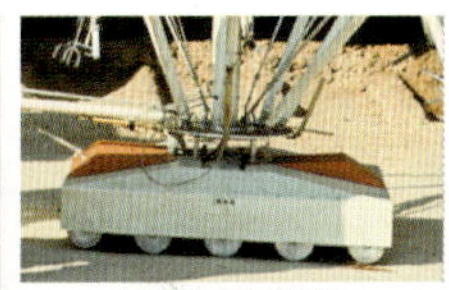

Droïde WED 15

CRISE D'IDENTITÉ

- Une fois achevé le tournage en Tunisie, Lucas a appris à l'acteur Mark Hamill que son personnage s'était d'abord appelé Starkiller, et non Skywalker. Le nom Starkiller a été réutilisé pour le jeu vidéo *Star Wars : Le pouvoir de la Force* en 2008.

À PEINE LUKE a-t-il retrouvé R2-D2 dans le désert qu'il est attaqué par des Pillards Tuskens. Il est sauvé par Obi-Wan, qui lui révèle avoir été autrefois un Chevalier Jedi, tout comme le père de Luke — dont il a gardé le sabre laser, pour le lui remettre un jour. Sidéré, Luke demande à Obi-Wan comment son père est mort. Obi-Wan déclare qu'il a été trahi et tué par Darth Vader. R2-D2 diffuse le message de la princesse Leia suppliant Obi-Wan d'emmener le droïde et les plans de l'Étoile Noire à son père, Bail Organa, sur Alderaan, dans l'espoir que la station de combat sera neutralisée.

LES TUSKENS ATTAQUENT.
Une bande de Pillards Tuskens attaque Luke, qui est assommé tandis que C-3PO bascule dans un fossé. Mais les nomades s'enfuient en entendant un dragon krayt, le prédateur redouté de Tatooine.

LE DESTIN RÉVÉLÉ

CRÉATURE

Bantha

VÉHICULE

Landspeeder

PERSONNAGE CENTRAL

Obi-Wan Kenobi

Après que Luke lui ait réparé le bras gauche, C-3PO se désactive pour que ses circuits puissent se reconstituer.

L'oncle Owen a raconté à Luke que son père était navigateur sur un cargo spatial.

"C'était l'arme des Chevaliers Jedi."

OBI-WAN KENOBI

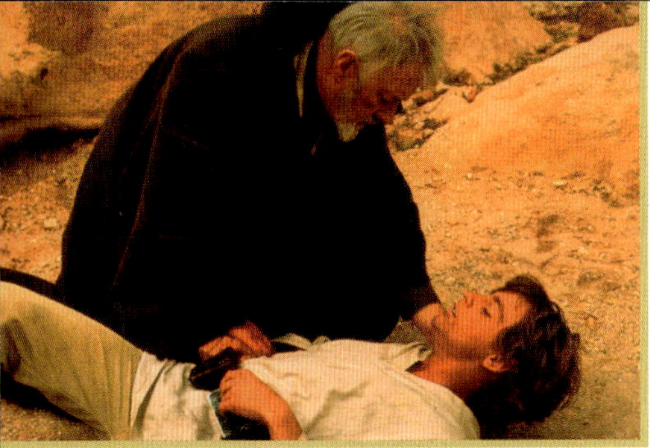

LE GARDIEN DE LUKE
Le cri du dragon krayt était une ruse d'Obi-Wan. Le Jedi en exil veillait sur Luke depuis son enfance, attendant que le fils d'Anakin Skywalker soit en âge d'apprendre la vérité sur son passé, et d'accomplir son destin.

CE QUE VEUT LA FORCE. Quand R2-D2 diffuse le message de Leia, Obi-Wan comprend que la Force a exprimé sa volonté — et que son exil sur Tatooine est terminé.

CASCADES AVEUGLES

- La frayeur de Mark Hamill quand le Pillard Tusken l'attaque n'est pas feinte : le cascadeur Peter Diamond étant aveuglé par son masque, c'était à Hamill d'éviter les coups qu'il lui assénait !

VICTIMES DE L'EMPIRE

OBI-WAN annonce à Luke qu'il va devoir apprendre à maîtriser la Force s'il veut l'accompagner sur Alderaan. Luke a toujours rêvé d'aventure mais son oncle et sa tante ont besoin de lui. Il se contentera donc d'emmener Obi-Wan à la ville d'Anchorhead. Mais le destin en décide autrement : ils découvrent la chenille des Jawas détruite par des stormtroopers. Luke se demande pourquoi l'Empire tuerait des Jawas, puis comprend qu'en fait ils en voulaient aux droïdes. Son oncle et sa tante sont en danger !

MACABRE DÉCOUVERTE
Même si les indices évoquent les Tuskens, Obi-Wan sait que ce sont des Impériaux qui ont détruit la chenille des sables.

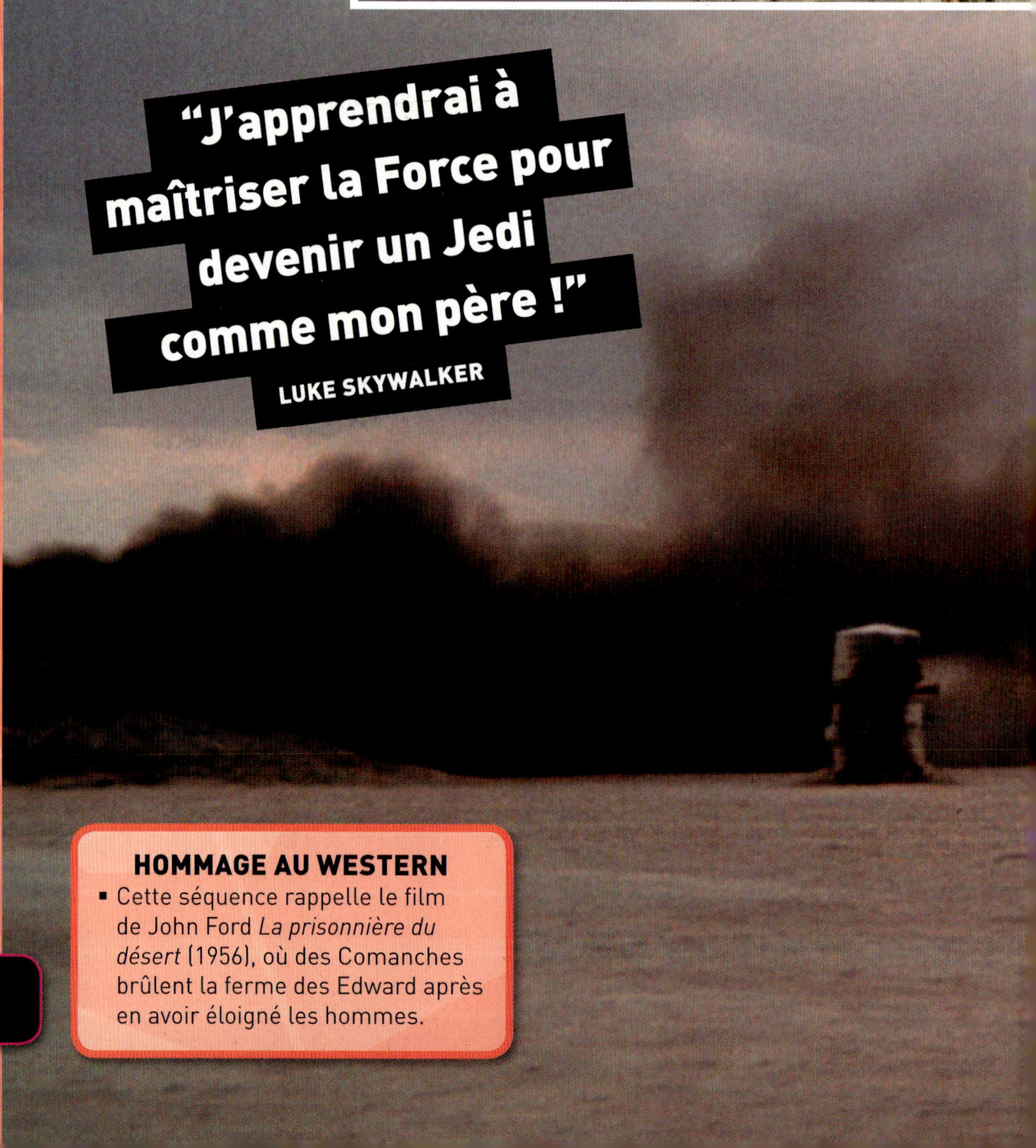

"J'apprendrai à maîtriser la Force pour devenir un Jedi comme mon père !"
LUKE SKYWALKER

HOMMAGE AU WESTERN

- Cette séquence rappelle le film de John Ford *La prisonnière du désert* (1956), où des Comanches brûlent la ferme des Edward après en avoir éloigné les hommes.

MEURTRES SUR TATOOINE

Luke se précipite à la ferme — trop tard : les stormtroopers ont tué son oncle et sa tante. Il ne reste plus rien de sa vie passée. Son chagrin se change en une froide détermination.

UNE VOIE NOUVELLE

Luke retrouve Obi-Wan et demande au Chevalier Jedi à l'accompagner sur Alderaan pour suivre les traces de son père. Ce voyage va plonger Luke dans l'antique lutte entre les Jedi et les Sith.

UN LIEU D'INFAMIE

OBI-WAN ET LUKE se rendent au dangereux spatioport de Mos Eisley, en quête d'un pilote pour les emmener sur Alderaan. Ils aboutissent à une cantina remplie de bandits aliens et de hors-la-loi. Quand deux brutes menacent Luke, Obi-Wan les élimine avec son sabre laser. Ensuite il embauche un contrebandier corellien nommé Han Solo, et son copilote, le Wookie Chewbacca. Mais les espions de l'Empire sont toujours à la recherche des droïdes, les stormtroopers sont partout, et des Star Destroyers guettent tout navire qui fuirait Tatooine.

CONTRÔLE MENTAL

Des stormtroopers arrêtent le speeder de Luke et s'intéressent aux droïdes. Obi-Wan utilise la Force pour tromper les soldats, qui les laissent partir.

DROÏDE

Droïde Mark IV

VÉHICULE

Le *Millennium Falcon*

La bandoulière contient des munitions pour l'arme préférée de Chewbacca, son arbalète.

"Les rixes sont monnaie courante par ici."

OBI-WAN KENOBI

SITES

Mos Eisley

Cantina

IV UN NOUVEL ESPOIR

PILOTES À LOUER

Toutes sortes de pilotes fréquentent la cantina. Ils s'y abritent de la chaleur en attendant que se présente du travail — légal ou pas. Obi-Wan avertit Luke : ici, la vie ne vaut pas cher.

DÉPART PRÉCIPITÉ

Han Solo accepte de conduire Luke, Obi-Wan et les droïdes sur Alderaan avec son vaisseau, le *Millennium Falcon*. Après avoir tiré sur des stormtroopers, il décolle de Mos Eisley, dépasse les Star Destroyers et saute dans l'hyperespace.

Les alcôves de la cantina sont recherchées car on peut y parler en toute discrétion.

PERSONNAGES CENTRAUX

Han Solo

Greedo

Ponda Baba

Le docteur Evazan

Garindan

AUX ORIGINES

- George Lucas avait tourné une scène entre Jabba le Hutt et Han, mais son budget limité l'avait obligé à faire de Jabba un humain corpulent, et la scène fut coupée. Pour l'édition spéciale de 1998, un Jabba gluant fut créé par ordinateur, et Boba Fett y fait même une apparition.

LA MORT D'ALDERAAN

L'ÉTOILE NOIRE est presque achevée, après des années d'un chantier clandestin. Elle est commandée par le Grand Moff Tarkin, un officier impérial impitoyable persuadé qu'une démonstration de la puissance de feu de la station spatiale suffira à faire taire toute opposition à l'Empire. Il souhaite viser la base secrète de la Rébellion, mais Leia refuse d'en révéler la localisation. Tarkin a donc une autre idée : il va anéantir Alderaan, la planète où vivent la princesse et plusieurs milliards d'êtres.

PALPATINE A DIT.

Tarkin annonce que l'empereur Palpatine a dissout le sénat, ultime symbole de la République. Désormais la galaxie est gérée par des gouverneurs comme Tarkin, et l'Étoile Noire fera respecter la volonté de l'Empire.

PERSONNAGES CENTRAUX

Le Grand Moff Tarkin

L'amiral Motti

Le général Tagge

Le chef Bast

L'officier Cass

"En voyant notre puissance, ils capituleront sans hésiter."

LE GRAND MOFF TARKIN

COURAGEUSE LEIA
Afin de découvrir le site de la base rebelle, Vader livre la princesse Leia à un droïde d'interrogatoire. Mais la dirigeante de l'Alliance ne cède pas et refuse aux Impériaux l'information qu'ils convoitent.

CIBLE : ALDERAAN
Alderaan étant menacée, Leia déclare que la base rebelle est sur Dantooine. Tarkin donne néanmoins l'ordre de détruire la planète !

PETITS SOULIERS

- Les bottes de Tarkin étant trop petites pour l'acteur Peter Cushing, il suggéra à Lucas de le cadrer à la taille le plus possible, et put ainsi jouer la plupart de ses scènes en chaussons.

Vader ignore que Padmé a accouché de jumeaux avant de mourir, et que Leia est sa fille.

Leia ment à Tarkin : il y a bien eu une base rebelle sur Dantooine, mais elle a été évacuée.

DROÏDE

Droïde d'interrogatoire

VÉHICULE

L'Étoile Noire

LA CAPTURE DU *FALCON*

LE *FALCON* émerge de l'hyperespace au milieu de débris rocheux qui volent en tous sens. Stupéfait, Han déclare à ses passagers que la planète Alderaan a été détruite. Soudain un chasseur TIE frôle le vaisseau. Han le poursuit, s'efforçant de rattraper l'appareil impérial avant qu'il atteigne une petite lune visible au loin. Obi-Wan est le premier à prendre conscience de leur erreur : la petite lune est en fait l'Étoile Noire ! Han et Chewie essaient de faire faire demi-tour à leur vaisseau mais il est trop tard : le *Falcon* est pris dans un rayon tracteur.

PRIS AU PIÈGE
Han découvre que la mission sans histoire tourne au cauchemar : le rayon tracteur de l'Étoile Noire a capturé le *Falcon*.

VÉHICULE

Chasseur TIE

Pour leurrer l'Empire, Han éjecte des nacelles de sauvetage, mais le *Falcon* finit par être capturé.

Pour sécuriser le *Falcon*, d'autres stormtroopers arrivent depuis un ascenseur de soute.

NOUVEAU DÉCOR

- Seuls deux tiers du *Millennium Falcon* avait été construits, mais ils étaient indéplaçables. Le vaisseau resta donc en place, et il fallut abattre le décor du hangar de Mos Eisley pour le remplacer par celui de l'Étoile Noire.
- Robby Benson, William Katt et Andrew Stevens ont failli incarner le personnage de Luke Skywalker.

À TRAVERS LA FORCE

Les troupes de Vader inspectent le *Falcon*, qui apparaît vide, excepté deux droïdes. Percevant un étrange mouvement dans la Force, le Seigneur Sith ordonne la fouille complète du vétuste cargo.

CONTREBANDE

Han et ses passagers se sont cachés dans des compartiments secrets utilisés pour la contrebande. Après avoir neutralisé deux stormtroopers, ils s'emparent du poste de contrôle du hangar.

"C'est impossible ! C'est bien trop gros !"

OBI-WAN KENOBI

PERSONNAGES CENTRAUX

Le capitaine Khurgee

Le lieutenant Treidum

DES HÉROS INCOGNITO

R2-D2 se connecte au réseau de l'Étoile Noire et indique à Obi-Wan l'emplacement des commandes du rayon tracteur. Le vieux Jedi demande à Luke de veiller sur les droïdes et s'en va. Mais D2 fait une autre découverte : la princesse Leia a été arrêtée par l'Empire, qui l'a condamnée à mort. Luke convainc Han de la délivrer. Ils se déguisent en stormtroopers, avec Chewie pour faux prisonnier. Les gardes du secteur pénitentiaire refusant de les croire, le trio doit dégainer ses blasters. Mais d'autres soldats arrivent — il faut trouver la captive au plus vite.

UN AUTRE CHEMIN
Luke est déçu qu'Obi-Wan ne veuille pas de son aide. Le vieux Jedi, qui va utiliser la Force pour se déplacer furtivement, le rassure : « Ta destinée est de suivre un autre chemin que le mien. »

COPILOTE CANIN

- Chewie a été inspiré à Lucas par son chien Indiana, qui aimait s'asseoir sur le siège passager de sa voiture. Pour concevoir ses grognements, Ben Burtt a mélangé les cris d'un morse nommé Petulia à ceux d'un ours noir appelé Pooh.

UN SECOURS INTÉRESSÉ
Han refuse de risquer sa vie dans une mission de sauvetage, mais il change d'avis quand Luke lui promet une forte récompense.

DE LA VISITE
Une alarme parcourt l'Étoile Noire, suite aux échanges de tirs dans le bloc pénitentiaire. Le boniment de Han ne convainc pas les Impériaux que tout va bien — Han, Chewie et Luke vont donc avoir de la compagnie.

PERSONNAGE

Le lieutenant Childsen

DROÏDE

Droïde souris

“Où allez-vous avec cette... chose ?”

LE LIEUTENANT CHILDSEN

Déguisé en gardien de Chewbacca, Han utilise un fusil blaster DLT-19.

Une fois qu'ils sont dans l'ascenseur en direction du bloc de détention, Han détache Chewbacca.

LA PRINCESSE DÉLIVRÉE

LUKE DÉLIVRE LEIA, qui ne se montre pas impressionnée, jusqu'à ce qu'elle apprenne qu'il est venu avec Obi-Wan et son droïde. Mais la mission de libération tourne bientôt au fiasco et tous quatre se retrouvent piégés dans la zone de détention. Leia s'empare du blaster de Luke et leur ouvre un passage vers un broyeur de déchets. Mais la porte du dispositif est fermée, les droïdes ne répondent pas aux appels au secours lancés par Luke, et une créature affamée rôde dans l'eau sale — et le pire est à venir : les cloisons se rapprochent...

HÉROS EN DANGER
Les droïdes étant dans l'incapacité d'aider Luke à s'évader de la zone de détention, Leia prend les choses en main et ordonne à Luke et Han de se réfugier dans le vide-ordures.

CRÉATURE

Un dianoga

R2-D2 À LA RESCOUSSE
Dans le compacteur de déchets, un dianoga manque de noyer Luke, et les Impériaux tentent d'écraser les quatre Rebelles au compacteur. R2-D2 les libère juste à temps.

UNE RUSE DE C-3PO
Quand les stormtroopers pénètrent dans la salle de contrôle, les droïdes se font passer pour des unités impériales. Ils sont autorisés à partir, mais sans avoir pu communiquer avec Luke et ses amis emmurés.

"Cela ne me dit rien qui vaille..."
HAN SOLO

MONSTRE À BORD

- Lucas avait imaginé un dianoga transparent, à mi-chemin entre une pieuvre et une méduse, mais son budget l'a contraint à réduire le monstre à un tentacule et un œil périscopique.
- Pour jouer le rôle de Han Solo, Christopher Walken, Nick Nolte et Kurt Russel avaient été pressentis.

LE SAUT DE LA LIBERTÉ

OBI-WAN PARVIENT à désactiver le rayon tracteur, mais l'Étoile Noire est maintenant en état d'alerte. Traqués par les troupes impériales, les Rebelles doivent se séparer en deux groupes et s'enfuir tout en combattant. Han et Chewie ont l'impression que la moitié des soldats est après eux, mais pour Luke et Leia c'est pire : ils se retrouvent coincés au bord d'un abîme, attendus par des stormtroopers de part et d'autre, sans aucun moyen de franchir le gouffre.

JEDI EN SOLO
Obi-Wan éteint le rayon tracteur sans être repéré, mais Vader perçoit sa présence, et il est déterminé à l'affronter.

COMPÉTITION ET TRADITION

- Dans cette scène, un stormtrooper pousse un cri qu'on a déjà entendu en 1951 dans le film *Les aventures du capitaine Wyatt*, et que Ben Burtt appelle le « cri de Wilhelm ». Depuis, il a figuré dans les six films *Star Wars* et plus de 200 autres long-métrages.
- Lucas avait pensé aux actrices Jodie Foster, Terri Nunn et Amy Irving pour jouer la princesse Leia.

"On n'a pas dû tourner où il fallait !"
LUKE SKYWALKER

REBELLES EN FUITE

S'étant sortis du broyeur d'ordures, les Rebelles doivent regagner le *Falcon*. Ils se séparent sous les tirs ennemis, et Han crie à Luke et Leia de retourner au vaisseau.

COINCÉS

Poursuivis par les stormtroopers, Luke et Leia se retrouvent piégés sur une passerelle rétractable. Luke parvient à accrocher un lasso, saisit Leia et se lance au-dessus du vide.

Luke et Leia franchissent le gouffre suspendus à un grappin dont le filin est fixé à la ceinture de stormtrooper que porte Luke.

La passerelle était bloquée car Luke avait tiré au blaster sur la porte du panneau de commande pour la condamner.

LE DUEL DES SABRES LASER

OBI-WAN se dirige vers le *Falcon* mais une silhouette lugubre lui barre la route : Darth Vader, qu'Obi-Wan a laissé pour mort près de vingt ans plus tôt sur Mustafar. Vader déclare à son ancien maître qu'il n'aurait pas dû revenir, mais Obi-Wan a beaucoup appris durant son exil et il avertit le Seigneur Sith : « Si tu me terrasses, je deviendrai bien plus puissant que tu ne pourrais l'imaginer ! » Quand Obi-Wan constate que Luke et ses amis peuvent regagner le *Falcon*, il se sacrifie pour faciliter leur fuite.

FRÈRES HIER, ENNEMIS AUJOURD'HUI
Obi-Wan a eu tout le temps de regretter les erreurs qu'il a commises en formant Anakin Skywalker, l'Élu de la prophétie. Pour lui, Anakin est mort : Vader est rongé par le mal, et moins humain que machine.

UN JEDI DISPARAÎT.
Quand Obi-Wan cesse le combat, Vader le frappe. À la stupéfaction du Seigneur Sith, c'est une toge vide qui touche le sol.

DES VOIX DANS LA TÊTE
Sous le choc de la mort d'Obi-Wan, Luke ouvre le feu sur les stormtroopers. Il entend alors la voix du vieux Jedi lui ordonner de courir. Perplexe, Luke rejoint ses amis à bord du *Falcon*.

"Je vous attendais, Obi-Wan. Enfin nous nous retrouvons !"
DARTH VADER

ALEC S'EN VA.

- À l'origine, Obi-Wan survivait et partait à bord du *Falcon*, mais dans le reste du film son rôle était réduit, et Lucas décida qu'il devait être tué. L'acteur Alec Guiness menaça de quitter le tournage à cause de cette modification, mais Lucas parvint à le convaincre qu'elle améliorait la trame générale de l'histoire.

À cause de son corps cybernétique, Vader doit frapper avec violence en s'aidant de la Force.

L'ENVOL DU *FALCON*

HAN SE RUE dans le cockpit du *Falcon*, fait faire demi-tour à son cargo et jaillit hors du hangar de l'Étoile Noire. Il doit maintenant passer les chasseurs TIE qui montent la garde autour de la station de combat. Luke et Han s'occupent des canons du vaisseau tandis que les chasseurs impériaux assaillent le cargo. Le *Falcon* s'en sort, mais la princesse Leia sait que le combat n'est pas terminé. Elle est certaine que l'Empire les a laissés fuir, pour mieux les pister jusqu'à la base secrète de la Rébellion.

« LES VOILÀ ! ILS ARRIVENT ! » Des chasseurs TIE convergent sur le *Falcon*, leurs canons balayant ses boucliers et menaçant de neutraliser ses systèmes. Luke et Han s'efforcent de toucher ces cibles très mobiles.

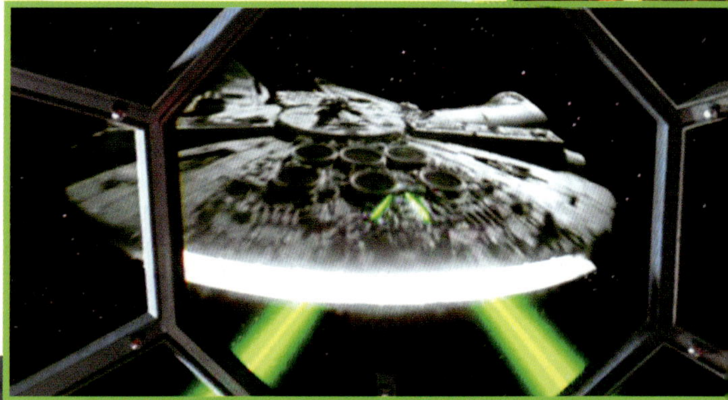

TRIOMPHE DE LA TECHNOLOGIE

- La révolution apportée par *Un nouvel espoir* est due à la caméra contrôlée par ordinateur inventée par John Dykstra. Grâce à elle, les responsables des effets visuels ont pu composer des plans beaucoup plus élaborés que tout ce qui s'était fait jusque-là.

"Bravo, mais n'attrape pas la grosse tête, petit gars !"

HAN SOLO

« IL EN A DANS LE VENTRE ! »
Le *Falcon* paraît délabré mais son aspect extérieur est trompeur : les « modifications spéciales » apportées par Han en font un véritable vaisseau de guerre. La seule question est de savoir combien de temps il peut tenir.

PROCHAIN ARRÊT : YAVIN
Luke et Han abattent les chasseurs, et Leia et Chewbacca fêtent leur évasion. Pourtant, l'Étoile Noire les suit à la trace.

Lando Calrissian avait doté le *Falcon* d'un canon laser sur le dessus, et Han en a ajouté un sous la coque.

Les ordinateurs de tir du *Falcon* s'adaptent automatiquement aux déplacements de leurs cibles.

SANS ESPOIR

À LA BASE secrète des Rebelles sur Yavin 4, les techniciens qui analysent les plans de l'Étoile Noire ont trouvé un point faible : un puits de ventilation qui donne sur le réacteur central de la station. L'Alliance établit un plan d'attaque risqué : les chasseurs X-wing s'infiltreront dans les défenses de l'Étoile Noire malgré ses canons innombrables et viseront une cible presque intouchable. Luke se joint à eux avec R2-D2, mais Han refuse : le Corellien juge la mission non pas difficile mais suicidaire.

ÉTOILE NOIRE EN VUE
Les pilotes rebelles doutent de réussir à détruire l'Étoile Noire, mais l'Alliance n'a pas le choix : il faut faire barrage à l'Empire, coûte que coûte.

PERSONNAGES CENTRAUX

Le général Dodonna

Wedge Antilles (Red 2)

Biggs Darklighter (Red 3)

Garven Dreis (Red Leader)

Dutch Vander (Yellow Leader)

Le commandant Willard

SITE

Yavin

Yavin 4

Le grand temple de Massassi

"Vous avez vu ? C'est gigantesque !"
WEDGE ANTILLES

Pour Luke, piloter un chasseur X-wing n'est pas plus difficile que conduire son bon vieux Skyhopper T-16.

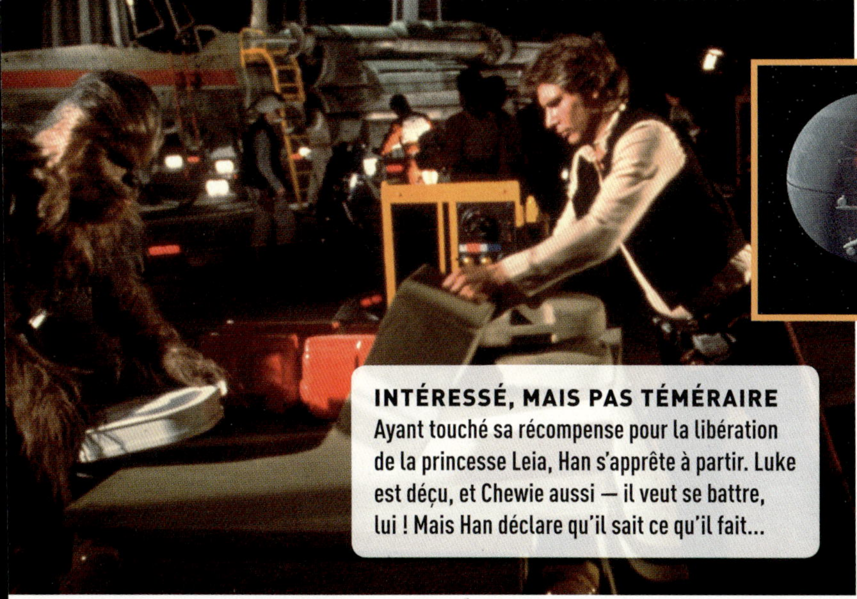

INTÉRESSÉ, MAIS PAS TÉMÉRAIRE
Ayant touché sa récompense pour la libération de la princesse Leia, Han s'apprête à partir. Luke est déçu, et Chewie aussi — il veut se battre, lui ! Mais Han déclare qu'il sait ce qu'il fait...

POUR LA GALAXIE
Les pilotes de X-wings et de Y-wings sont sidérés par les dimensions de l'Étoile Noire mais ils se mettent en formation d'attaque. La lutte pour restaurer la liberté dans la galaxie a commencé !

VÉHICULES

Chasseur X-wing

Chasseur Y-wing

À Yavin l'indicatif de Luke est Red 5, et celui de son ami d'enfance Biggs est Red 3.

ON VOIT ROUGE.

- L'indicatif de Luke devait être Blue 5, mais les repères bleus auraient disparu devant les écrans de même couleur utilisés pour les plans comprenant des effets visuels. L'escadron a donc pris la couleur rouge.

À L'ASSAUT DE L'ÉTOILE NOIRE

X-WINGS ET chasseurs TIE s'affrontent au-dessus de l'Étoile Noire, parmi les déflagrations des canons laser. Vader lui-même abat plusieurs Y-wings avant qu'ils aient pu atteindre la bouche de ventilation. Red Leader tire une torpille à protons qui rate sa cible, mais dans l'étroite tranchée lui et ses équipiers sont une proie facile pour Vader. L'Alliance commence à manquer de pilotes, et l'Étoile Noire se rapproche. Luke Skywalker représente le dernier espoir des Rebelles.

SURPRISE TACTIQUE
Les turbolasers de l'Étoile Noire sont conçus pour affronter d'imposants navires de guerre, non des appareils de la taille des X-wings. L'Empire doit donc faire décoller ses chasseurs TIE.

> **"Restez en ligne ! Restez en ligne !"**
>
> YELLOW 5

Seule une torpille à protons peut percer le bouclier de la cible.

PERSONNAGES CENTRAUX

John D. (Red 4)	Jek Porkins (Red 6)	Theron Nett (Red 10)
Pops (Gold 5)	Tiree (Gold 2)	Le lieutenant Tanbris

IV UN NOUVEL ESPOIR

INQUIÉTUDE
Sur Yavin 4, Leia et C-3PO écoutent avec angoisse les transmissions : pourvu que Luke et R2-D2 s'en sortent — et qu'ils détruisent l'Étoile Noire !

LA TRANCHÉE DE TOUS LES DANGERS
Dans l'espace ouvert, les X-wings peuvent manœuvrer ensemble contre les TIE, mais la place manque dans la tranchée menant au puits d'aération, où les pilotes rebelles sont dangereusement exposés.

La puissance des canons laser du X-wing leur confère une très longue portée.

VÉHICULE

Le TIE de Darth Vader

À L'ÉCOLE DES CLASSIQUES

- Pour guider l'équipe des effets visuels, Lucas a réalisé un montage de combats aériens à base d'extraits des films *Les ponts de Toko-Ri*, *Les briseurs de barrages* et *Tora ! Tora ! Tora !* entre autres.

LE RAID

DANS LA TRANCHÉE, Luke, Biggs et Wedge filent pleins gaz pour maintenir Vader et ses équipiers à distance. Mais le Seigneur Sith se rapproche. Il élimine Wedge, abat Biggs et endommage R2-D2. Luke est maintenant tout seul pour défendre la cause des Rebelles. C'est alors que Han Solo se mêle au combat pour rééquilibrer les forces en présence, et envoie un Vader furieux faire des ronds dans l'espace, obligé d'abandonner le combat ! Luke vise la bouche de ventilation, en se fiant à la Force.

LE COUP DE PIED DE HAN
Darth Vader se rapproche — mais voici qu'Han Solo apparaît ! Le *Falcon* détruit un chasseur TIE et deux autres se percutent, laissant le champ libre à Luke.

Dans son micro, Luke rassure la base rebelle : c'est volontairement qu'il a éteint ses systèmes d'assistance au tir.

LA FOI DANS LA FORCE
La voix d'Obi-Wan invite à Luke à utiliser la Force. À la surprise des autres Rebelles, le jeune homme éteint son ordinateur de tir. Se fiant à la Force, il vise la bouche de ventilation — coup au but !

EXIT TARKIN.
L'Étoile Noire explose, mettant fin aux plans du Grand Moff Tarkin. Luke entend à nouveau la voix d'Obi-Wan : « Souviens-toi, Luke : la Force est avec toi à tout jamais. »

DEUX EN UNE

- Lucas avait écrit une autre séquence dans laquelle Luke menait une première attaque, ratait sa cible puis recommençait sans l'aide de son ordinateur de tir. Les séquences ont été combinées pour accélérer l'histoire.

L'ordinateur effectue un décompte jusqu'à la cible pour que le pilote sache quand larguer sa torpille.

"La route est dégagée, petit gars ! Fais-moi péter cet engin et on rentre !"

HAN SOLO

LA VICTOIRE À YAVIN

LA DESTRUCTION de l'Étoile Noire est une éclatante victoire pour l'Alliance, et une étape importante vers la libération de la galaxie. Les Rebelles décernent des médailles aux héros de la bataille de Yavin — avec à leur tête Luke Skywalker, qui a fait ses premiers pas vers l'apprentissage de la Force, en digne héritier des Jedi. Toutefois Darth Vader a pu s'enfuir et annoncer à l'Empereur la perte de sa station de combat. Les Rebelles ont remporté un combat, mais l'Empire va contre-attaquer...

LA FÊTE DE LA LIBERTÉ
Les Rebelles savent qu'ils doivent évacuer leur base de Yavin 4. Avant cela, Luke, Han et Chewie sont honorés pour leur acte de bravoure.

Bien qu'il ait été endommagé au combat, R2-D2 est réparé à temps pour la fête.

IV UN NOUVEL ESPOIR

CONTREBANDIER ET ALLIÉ ?

Sans Han, les Rebelles auraient péri. Tout en lui remettant sa médaille, Leia espère qu'à présent il va se consacrer au salut de la galaxie, et pas uniquement à sa prospérité personnelle.

MISSION ACCOMPLIE !

C-3PO déteste le danger et l'agitation, mais R2-D2, lui, est satisfait d'avoir accompli sa mission, et il a hâte de vivre de nouvelles aventures avec Luke et ses amis.

Le général Dodonna est l'un des commandants les plus respectés de l'Alliance.

UN HONNEUR TARDIF

- Sa médaille, Chewie l'a reçue dans la novélisation d'*Un nouvel espoir*, dans un comic book en 1980, et surtout des mains de l'actrice Carrie Fisher aux MTV Movie Awards en 1997.

QUAND LE WAMPA ATTAQUE.

TROIS ANNÉES se sont écoulées depuis la destruction de l'Étoile Noire, et l'Alliance Rebelle est à nouveau en fuite. Après avoir été chassée de sa base de Yavin 4, elle est traquée à travers toute la galaxie par le Seigneur Sith Darth Vader et ses flottes de guerre. Les Rebelles ont installé la Base Écho sur Hoth, avec l'espoir de passer inaperçus sur ce monde isolé, mais l'Empire a lancé des milliers de droïdes sondes à leur recherche. Et Hoth elle-même n'est pas sans dangers...

LES DANGERS DE HOTH
Alors que Luke Skywalker s'intéresse à ce qu'il pense être une chute de météorite, son tauntaun s'agite. Un wampa qui se cachait dans la neige tue la monture de Luke et emporte son cavalier.

WAMPAS OU PAS ?

- Une séquence où des wampas envahissaient la base rebelle a été supprimée car les bêtes n'étaient pas crédibles.
- Dans l'édition spéciale de 1997 (version sortie en salle), le wampa initial a été remplacé par une version numérique.

Luke n'utilise pas son comlink parce que le bruit risquerait d'alerter le wampa.

LA PROIE DU WAMPA
Le wampa a emmené Luke dans sa grotte. À son réveil, le jeune Rebelle est suspendu par les pieds. Il doit utiliser la Force pour récupérer son sabre laser.

UNE VISION DANS LA NUIT
Luke coupe un bras au wampa et quitte la caverne, mais bientôt il est pris dans un blizzard. En plein délire, il voit Obi-Wan Kenobi, qui lui demande d'aller voir le Maître Jedi Yoda, dans le système de Dagobah.

DROÏDE

Droïde Treadwell

SITES

Hoth

La Base Écho

CRÉATURES

Tauntaun

Wampa

Pour déplacer un objet, un Jedi doit ressentir la Force entre lui-même et sa cible.

"Il n'y a pas assez de vie sur ce cube de glace pour remplir un vaisseau spatial !"
HAN SOLO

SAUVETAGE SUR HOTH

À LA BASE ÉCHO, Han Solo annonce au général Rieekan qu'il doit partir, car celui qui ne paie pas ses dettes à Jabba le Hutt est un homme mort. Le commandant des Rebelles accepte, mais la princesse Leia est furieuse car l'Alliance a besoin de chefs — et aussi parce que, selon Han, elle attend un baiser de lui. Mais avant d'avoir pu réparer le *Millennium Falcon*, Han apprend que Luke n'est pas rentré de sa patrouille. Conscient que son ami ne survivra pas à une nuit glaciale hors de la base, il enfourche un tauntaun et se lance à se recherche.

UN REBELLE EN DANGER

Quand Han retrouve Luke, il est presque mort, et à présent leurs deux vies sont en danger. À la Base Écho, les Rebelles ne peuvent plus attendre les absents, et referment donc les portes jusqu'au matin.

Jabba a mis à prix la tête de Han parce que le contrebandier ne lui a pas remboursé une cargaison qu'il a dû jeter lors d'un contrôle impérial.

HÔTEL HOTH

- Les scènes où Luke titube dans la neige ont été filmées tout près de l'hôtel où séjournait l'équipe, en Norvège, à Finse.
- Les célèbres graphistes Ralph McQuarrie et Joe Johnston font une apparition en soldats dans la Base Écho.

ÉTRANGE ABRI

Quand son tauntaun meurt de froid, Han prend le sabre laser de Luke et ouvre le ventre de l'animal pour y installer son ami. Ça ne sent pas bon, mais Luke y sera au chaud pendant que Han bricole un abri pour la nuit.

LA GUÉRISON DE LUKE

À l'aube un pilote de snowspeeder découvre les deux Rebelles égarés. Un bain de bacta permet à Luke de récupérer de son épreuve.

VÉHICULE

Snowspeeder

PERSONNAGES CENTRAUX

Le général Rieekan

Zev Senesca

DROÏDES

2-1B

FX-7

Les ingénieurs rebelles ont utilisé des lasers spéciaux pour creuser et découper la glace.

"Autant embrasser un Wookie !"

LA PRINCESSE LEIA

CE QUE VEUT VADER.

LA MÉTÉORITE que Luke recherchait était en fait un droïde sonde impérial, qui a pu espionner les Rebelles avant d'être détruit par Han et Chewie. Quand Darth Vader voit le rapport de la sonde, il sent que ses ennemis sont sur Hoth — y compris le jeune garçon qui a détruit l'Étoile Noire. Les Rebelles viennent juste de fonder la Base Écho, mais le général Rieekan sait qu'ils ne peuvent pas rester. Il ordonne l'évacuation, tandis que les Star Destroyers de Vader mettent le cap sur Hoth.

VISITE INAMICALE
Han détruit le droïde qui a été localisé par ses émissions, mais la machine a pu transmettre ses observations à l'Empire.

PERSONNAGES CENTRAUX

L'amiral Piett

Le général Veers

L'amiral Ozzel

Berryl Chiffonage

VÉHICULES

L'*Executor*

Star Destroyer impérial

DROÏDE

Droïde sonde

Quand sa chambre de méditation est scellée hermétiquement, Vader peut respirer sans son masque.

DESTINATION HOTH

Les troupes de Vader, emmenées par l'imposant *Executor*, émergent de l'hyperespace dans le système de Hoth. Mais un bouclier d'énergie protège la base de tout bombardement orbital.

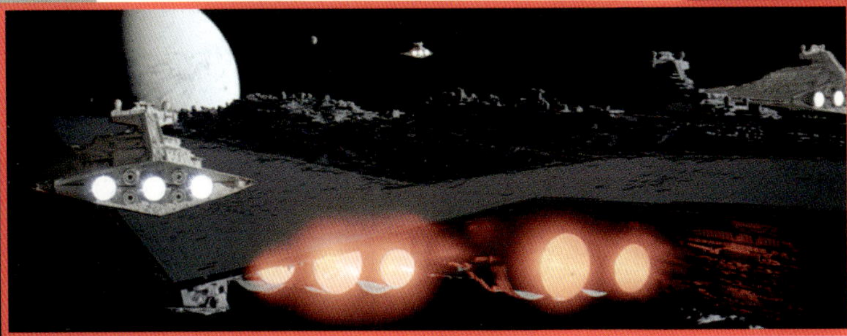

LA PROMOTION DE PIETT

Pour attaquer la base, l'Empire va devoir déposer des troupes au sol. Furieux de ce retard, Vader en rend responsable l'amiral Ozzel et l'étrangle avec la Force. Voilà le capitaine Piett promu amiral !

“Cette faute envers moi était la dernière, amiral.”

DARTH VADER

Ses officiers se demandent à quoi peut bien réfléchir Vader quand il est dans son espace personnel.

AVEC L'ACCENT

- Le réalisateur Irvin Kershner a voulu que les Impériaux parlent avec l'accent anglais et les Rebelles l'accent américain, sauf Vader parce que « autrefois c'était un type bien. »

LA BATAILLE DE HOTH

L'EMPIRE DÉPOSE des TB-TT qui se mettent en marche dans les plaines neigeuses de Hoth, visant les générateurs de bouclier et la base des Rebelles. Luke et les pilotes du Groupe Rogue se portent à leur rencontre. L'armure des blindés étant trop épaisse pour les blasters, Luke propose de les faire trébucher en leur entravant les jambes. Le but n'est pas de vaincre les forces impériales mais de donner le temps au plus grand nombre possible de Rebelles d'évacuer la base avant que l'Empire ne s'en empare.

LES ORDRES D'ORGANA
Leia confie aux pilotes de X-wings la difficile mission d'escorter les transports de l'Alliance au-delà des Star Destroyers en orbite.

PERSONNAGES CENTRAUX

Dak Ralter

Wes Janson

Hobbie Klivian

Le capitaine Lennox

Le major Derlin

Parmi les Rebelles qui se replient devant l'avancée des TB-TT, peu survivront.

PAS À PAS

- Les TB-TT étaient animés image par image, les maquettes étant légèrement repositionnées entre chaque cliché. Cinq secondes de film nécessitaient environ 120 changements de position par maquette.

LA NEIGE ENDEUILLÉE
Dans leur tenue polaire, les soldats rebelles se terrent au fond de tranchées et défendent la base avec des canons lourds, mais l'avance inexorable des TB-TT les contraint bientôt à se replier.

FOULÉ AU PIED
Un TB-TT abat le snowspeeder de Luke et manque de piétiner le jeune pilote, qui parvient à détruire un blindé. Toutefois, conscient que la bataille est perdue, il retourne à son X-wing, où l'attend R2-D2.

"Autour des jambes – c'est notre seule chance de les arrêter !"
LUKE SKYWALKER

Le commandant de TB-TT se tient dans la tête, avec deux pilotes. Les troupes descendent par le dessous du corps.

VÉHICULES

TB-TT

TS-TT

POURSUIVIS PAR L'EMPIRE

ALORS QUE l'Empire se rapproche, Han et Chewie s'efforcent de réparer leur vaisseau. Leia et C-3PO ne pouvant plus accéder au dernier transport rebelle, ils trouvent refuge dans le *Falcon*. Les deux contrebandiers décollent à temps pour échapper à Vader et ses stormtroopers, mais ils sont pourchassés par des Star Destroyers et des nuées de chasseurs TIE. Il faut toute l'expérience de pilotage de Han pour les distancer, et il est trop occupé pour écouter ce que C-3PO essaie de lui dire.

INVASION IMPÉRIALE
Laissant à Chewie le soin de réparer le *Falcon*, Han découvre que Leia est toujours au centre de commandement. Elle ne quitte son poste qu'en apprenant que les Impériaux envahissent la base.

VÉHICULE

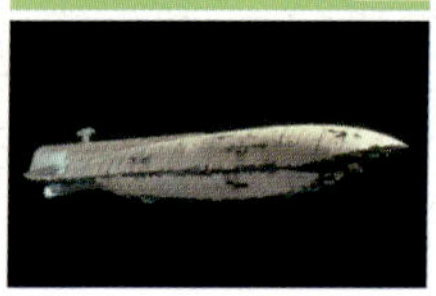

Transport moyen GR-57

Le Star Destroyer est inspiré du Croiseur Jedi, apparu lors de la Guerre des Clones.

HUMOUR SITH

- À la première prise de l'entrée de Vader et ses troupes dans la base, les soldats de tête ont trébuché et un cascadeur a marché sur la cape de David Prowse, qui est tombé sur les soldats.

LE TEMPS PRESSE.
Han et Leia se ruent vers le *Falcon*, C-3PO les suivant comme il peut, mais l'appareil n'est pas prêt. Au comble de l'angoisse, la princesse regarde Han et Chewie faire l'impossible pour démarrer le vaisseau.

RATÉ
Juste au moment où le Seigneur Sombre pénètre dans la base, le *Falcon* s'anime et disparaît, à la plus grande fureur de Vader.

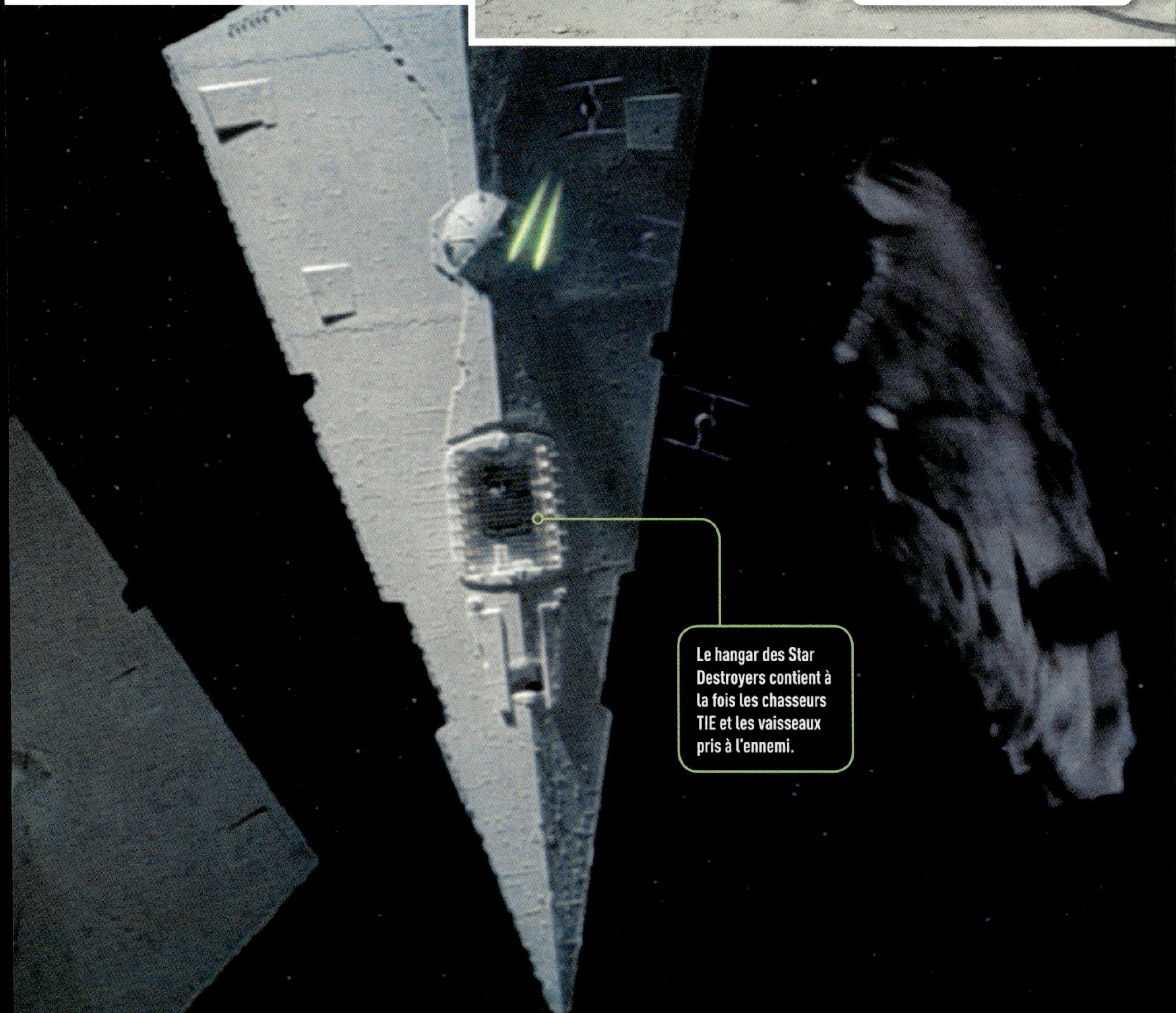

Le hangar des Star Destroyers contient à la fois les chasseurs TIE et les vaisseaux pris à l'ennemi.

PARMI LES ASTÉROÏDES

LE PAUVRE C-3PO essaie en vain de prévenir Han que l'hyperpropulsion du *Falcon* est endommagée. Le Corellien s'en aperçoit en tentant de passer dans l'hyperespace pour fuir les vaisseaux lancés à ses trousses. Ne parvenant pas à réparer, il conduit son cargo dans un champ d'astéroïdes, slalomant parmi les énormes rochers volants. Plusieurs chasseurs TIE sont détruits en essayant de le suivre, mais Han lui-même doit déployer tout son savoir-faire pour que *Falcon* et ses passagers ne subissent pas le même sort.

IMPACT

Tandis que Han et Chewie essaient de résoudre le problème du motivateur d'hyperdrive, un impact se produit sur la coque du cargo. Han a compris : le *Falcon* a percuté par quelque chose !

SITE

Ceinture d'astéroïdes

Sans boucliers de protection, les chasseurs TIE s'écrasent sur les astéroïdes.

Certains astéroïdes contiennent des minerais, mais les autres ne sont que de dangereux obstacles.

QUITTE OU DOUBLE
Le *Falcon* a heurté un petit astéroïde. Afin de semer les Impériaux, Han s'engage au milieu des blocs tourbillonnants.

UN ABRI
La manœuvre est terrifiante mais ça en valait la peine : les chasseurs TIE qui poursuivaient le cargo s'écrasent sur les rochers, ce qui permet à Han de cacher le *Falcon* fragilisé dans la grotte sombre d'un énorme astéroïde.

“Vous n'avez pas besoin de faire ça pour m'impressionner ! ”
LA PRINCESSE LEIA

DANGER : PATATES

- Certains des astéroïdes visibles à l'arrière-plan sont en réalité des pommes de terre.
- Pour les étourdissants mouvements de caméra, Ken Ralston, caméraman des effets visuels, s'est inspiré de grands classiques de l'animation.

LA QUÊTE DU JEDI

GUIDÉ PAR LA FORCE, Luke dirige son X-wing vers Dagobah pour y chercher Yoda, comme indiqué dans la vision qu'il a eue d'Obi-Wan. S'étant écrasé dans un marécage de ce monde humide, il improvise un campement. Il ne sait absolument pas comment contacter le mystérieux Maître Jedi qu'il recherche, mais il reçoit la visite d'un étrange petit personnage vert, qui prétend connaître Yoda. Trop impatient, Luke va découvrir que sur Dagobah les apparences sont trompeuses.

UN REBELLE PERDU

L'arrivée de Luke sur Dagobah ne se passe pas comme prévu : son X-wing a atterri dans un lac boueux, et une créature a failli engloutir R2-D2. Drôle d'endroit pour un Maître Jedi !

CRÉATURE

Serpent-dragon

Yoda a découvert Dagobah durant la Guerre des Clones, sur le conseil pressant de Qui-Gon.

"Trop de colère en lui, comme son père..."

YODA

TROUVER YODA

- Les réalisateurs ont envisagé plusieurs aspects pour Yoda, y compris celui d'un singe masqué, avant d'opter pour une marionnette créée par Stuart Freeborn et manipulée par Frank Oz et son équipe. Au départ Yoda ne portait aucun nom.

UN GUIDE INATTENDU
Luke se fâche quand un étrange personnage visite son campement et fouille ses affaires. Mais l'intrus se déclare capable de le conduire à Yoda, et l'invite à le suivre dans les profondeurs brumeuses des marais.

LE MAÎTRE SE DÉVOILE.
Quand Luke perd patience, la créature soupire, et la voix d'Obi-Wan retentit. Le guide de Luke, c'est Yoda lui-même !

R2-D2 se recharge grâce à un générateur qu'a apporté Luke.

LE FILS DE SKYWALKER

À BORD DU Star Destroyer de Vader, l'amiral Piett annonce au Seigneur Sombre que Palpatine veut lui parler. Depuis sa chambre privée, Vader contacte l'Empereur, qui est aussi le Seigneur Sith Darth Sidious. Palpatine déclare à Vader que Luke est le fils d'Anakin Skywalker, c'est-à-dire de Vader lui-même autrefois, et il l'avertit que Luke pourrait les anéantir. Vader lui rappelle que Luke ferait un allié puissant s'il passait du côté obscur, et jure que Luke deviendra un Sith ou mourra.

LE BRAS DROIT DE L'EMPEREUR
Les officiers comme l'amiral Piett considèrent Vader comme l'exécuteur impitoyable de l'Empereur. Peu de gens dans l'Empire savent que ce sont deux Sith, un maître et son apprenti.

L'EMPEREUR SINGÉ

- Grâce à Ian McDiarmid et James Earl Jones, George Lucas a modifié cette scène pour la sortie du DVD en 2004. À l'origine, l'Empereur avait la voix de Clive Revill et était joué par Elaine Baker, masquée, avec des yeux de chimpanzé superposés aux siens.

"Le fils de Skywalker ne doit jamais devenir un Jedi."
L'EMPEREUR PALPATINE

La chambre de Vader à bord de l'*Executor* est protégée contre toute tentative d'espionnage.

PERSONNAGE CENTRAL

Palpatine

V L'EMPIRE CONTRE-ATTAQUE

DANS LA TOILE DES SITH
La trahison est l'arme des Sith, qui assure la victoire du plus fort. Sidious teste constamment Vader, lequel cherche à surpasser son maître. Le pouvoir croissant de Luke est une nouvelle donnée de cette compétition.

L'ENFANT PERDU
Vader croyait son enfant mort avec Padmé. Il se demande comment Luke Skywalker, le héros de la Rébellion, peut être le fils qu'il a perdu voilà si longtemps.

Sidious projette d'attirer Luke Skywalker pour en faire son nouvel apprenti, à la place de Vader.

UN ABRI PÉRILLEUX

LE *FALCON* étant provisoirement à l'abri des Impériaux, Han et Chewbacca peuvent tenter de réparer son hyperdrive endommagé. Dans le calme de la caverne de l'astéroïde où le vaisseau s'est dissimulé, les pensées de Han tournent autour de la princesse Leia, laquelle finit par reconnaître qu'elle est attirée par cet homme qu'il lui arrive de qualifier de vaurien. Mais les bombardiers de l'Empire sont toujours à la recherche du *Falcon*, et la grotte qui les abrite s'avère recéler des dangers bien pires que le champ d'astéroïdes.

PAUSE ROMANTIQUE
Quand Han prend les mains de Leia dans les siennes, elle s'abandonne et l'embrasse — jusqu'à l'arrivée de C-3PO.

DANS LE NOIR

- L'irruption de C-3PO durant le baiser a été improvisée sur le tournage.
- Si Kershner a choisi de montrer autant de travaux de soudure sur le *Falcon*, c'est parce, pour le public, ils étaient plus visibles que d'autres types de réparations.

"Ça n'est pas le moment de tenir une conférence !"

HAN SOLO

CRÉATURES

Limace de l'espace

Mynock

VÉHICULE

Bombardier TIE

CHASSE AUX MYNOCKS

Plus tard, Leia découvre des mynocks dans la grotte et veut aider Han et Chewie à exterminer ces dévoreurs de câbles électriques. Quand un tir de blaster touche la paroi, toute la caverne frémit ! Que se passe-t-il ?

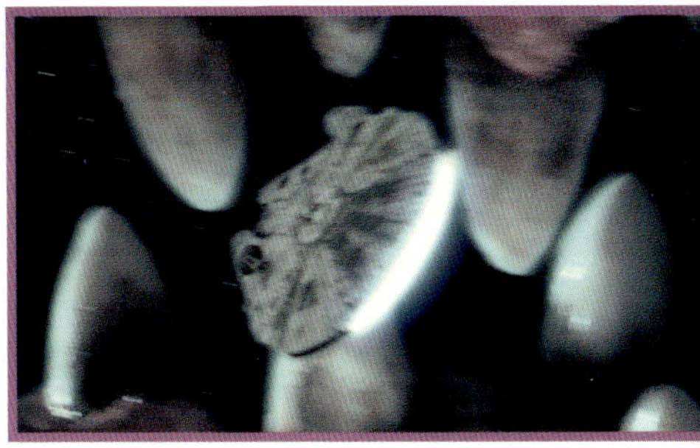

« ÇA N'EST PAS UNE GROTTE ! »

Malgré les protestations de Leia et bien qu'il doute de son hyperdrive, Han démarre le *Falcon*. Le vaisseau s'était posé dans le gosier d'une limace de l'espace ! Il faut fuir !

VU DU CÔTÉ OBSCUR

SUR DAGOBAH, Yoda est un professeur avisé mais exigeant. Il tente d'apprendre à Luke à ressentir la Force et contrôler ses pouvoirs autant que ses émotions. Comme son père autrefois, Luke se montre un élève entêté. Il reçoit sa leçon la plus sévère dans une caverne de Dagobah imprégnée par le côté obscur. N'ayant pas écouté Yoda qui lui conseillait de ne pas prendre d'arme, il se trouve face à une apparition de Darth Vader. Luke dégaine son sabre laser et abat le lugubre personnage, mais il a une vision éprouvante.

JEDI À L'ENTRAÎNEMENT
Yoda exige beaucoup de Luke, physiquement et mentalement, afin de lui faire perdre ses réflexes et qu'il s'ouvre à la Force, débarrassé des émotions qui altèrent son jugement.

Dans la grotte, le côté obscur crée des visions pour les êtres sensibles à la Force.

L'HÉRITAGE DES SKYWALKER
Yoda s'était opposé à la formation d'Anakin Skywalker parce qu'il était assez âgé pour avoir des attaches sentimentales, ce qui le rendait vulnérable au côté obscur. Il éprouve les mêmes craintes envers Luke.

LA VISION DE LUKE
Luke décapite le spectre de Vader, puis découvre avec horreur que le visage que cachait le masque est… le sien !

"Si une seule fois tu t'engages du côté obscur, à jamais il dominera ton destin."

YODA

Se croyant face à l'assassin de son père, Luke cède bientôt à la peur et à la haine.

TOUR DE FORCE

- Jouer la comédie étant un échange, Mark Hamill a souffert dans les scènes sur Dagobah. La plupart du temps il était seul en scène : R2-D2 était télécommandé, Frank Oz se tenait sous le plateau, et l'acteur entendait à peine les répliques de Yoda.

LES CHASSEURS

VADER CONVOQUE des chasseurs de primes, parmi lesquels Boba Fett, à bord de l'*Executor*. Il offre une récompense substantielle au premier qui retrouvera le *Millennium Falcon* et ramènera vivants ses passagers. Fett et ses collègues se mettent en chasse, mais leur concours ne sera peut-être pas nécessaire : l'amiral Piett annonce que le capitaine Needa, du Star Destroyer *Avenger*, a repéré le *Falcon*, et qu'une escadrille de chasseurs TIE est lancée aux trousses du cargo fugitif.

LA MEILLEURE DÉFENSE...
L'hyperdrive du *Falcon* étant à nouveau en panne, Han fait demi-tour et fonce sur l'*Avenger*, le manquant de peu. Mais le capitaine Needa a soudain la surprise de constater que le cargo a disparu des écrans radar.

Sous la République, les droïdes de la série IG tel IG-88 étaient gardes du corps ou assassins.

"Je les veux vivants. Pas de désintégration !"
DARTH VADER

V L'EMPIRE CONTRE-ATTAQUE

RUSE CORELLIENNE
Han a posé le *Falcon* au dos de la tour de commandement de l'*Avenger*, où les scanners du navire ne peuvent pas le détecter.

LE CHASSEUR CONNAÎT SA PROIE.
Suivant les procédures en vigueur, l'*Avenger* largue ses déchets avant d'entrer en hyperespace, ce qui permet au *Falcon* de se détacher discrètement. Mais Boba Fett n'est pas dupe et se lance sur la trace du cargo.

Bossk est un Trandoshan du même système stellaire que les Wookies.

PERSONNAGES CENTRAUX

Boba Fett | Dengar | IG-88
Bossk | Zuckuss | 4-LOM

UN BOBA, DES FETT

- Avant l'Épisode V, Boba Fett est apparu à la télé dans le peu glorieux programme spécial *Star Wars* de Noël 1978, et une figurine était disponible par correspondance. Mais il a fait ses débuts le 24 septembre 1978, lors d'une parade, en Californie, à San Anselmo, au côté de Vader.

LA DÉCISION DE LUKE

LUKE POURSUIT sa formation de Jedi dans les jungles de Dagobah. Il s'émerveille de voir Yoda soulever son X-wing hors du marais pour le déposer doucement sur la berge. Les pouvoirs de Luke s'accroissent, mais il maîtrise toujours mal ses sentiments. Lors d'une méditation avec la Force, il voit une cité dans les nuages — et Han et Leia y sont en danger ! Quand Yoda lui apprend qu'il s'agit du futur, Luke doit faire un choix : continuer son apprentissage, ou courir aider ses amis sans savoir quelles seront les conséquences.

UNE QUESTION DE FOI
Luke est découragé en voyant son X-wing s'enfoncer dans le marécage. Après lui avoir reproché son manque de foi, Yoda presse Luke de ressentir la Force qui l'entoure et de comprendre que la taille importe peu.

COURS DE FORCE

Mis au défi par Yoda, Luke tente en vain de faire léviter son appareil. Le Maître Jedi dégage alors le X-wing sans effort, et Luke avoue qu'il n'arrive pas à y croire. Yoda conclut : « Voilà pourquoi tu échoues. »

L'ADIEU DU JEDI

Luke part mais jure de revenir. La voix d'Obi-Wan déclare que Luke était le dernier espoir des Jedi. Yoda annonce alors qu'il y en a un autre !

Comme tout apprenti, Luke doit apprendre à écouter la volonté de la Force plutôt que tenter de la commander.

LE RETOUR DU JEDI

- Âgé, Alec Guiness a participé à la toute fin du tournage de l'Épisode V et tourné toutes ses scènes en une seule journée.
- Des plans additionnels des marais de Dagobah ont été filmés dans la piscine de George Lucas qui était en construction.

TRAHISON À BESPIN

AU TERME d'un long voyage, le *Falcon* arrive à Bespin, où Lando Calrissian, le vieux rival de Han, administre une colonie minière nommée Cloud City. Lando paraît furieux car, la dernière fois qu'ils se sont vus, Han l'a escroqué. Pourtant il se montre vite accueillant et promet que ses techniciens vont réparer le *Falcon*. Mais quelque chose se trame : C-3PO est retrouvé en morceaux, et Han, Leia et Chewie prennent conscience que Lando a d'autres visiteurs qu'eux.

DISCRÉTION

Le *Falcon* appartenait à Lando, mais il l'a perdu contre Han dans des conditions restées troubles. Désormais il se veut un homme d'affaires respectable, même s'il préfère rester à l'écart de l'Empire.

PERSONNAGES CENTRAUX

Lando Calrissian

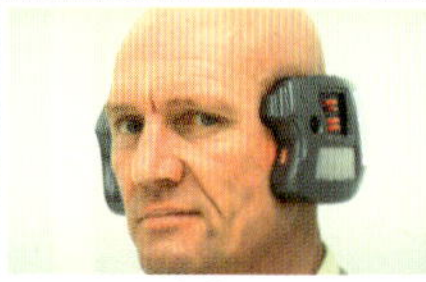
Lobot

E-3PO

DÉBUTS REPORTÉS

- Cloud City devait être une prison impériale volante sur Alderaan dans l'Épisode IV. Par économie, la prison et l'Étoile Noire ont fusionné, repoussant Cloud City à l'Épisode V.

"Voulez-vous nous faire l'honneur de vous joindre à nous ?"

DARTH VADER

SITES

Bespin

Cloud City

VÉHICULE

Voiture des nuages

MAUVAISE SURPRISE
Ce que cache Lando, c'est que Fett et Vader sont arrivés juste avant le *Falcon*, et qu'ils l'ont obligé à collaborer à la capture de son ami.

SANS RÉPLIQUE
Quand Lando amène ses invités à Vader, Han dégaine son blaster pour abattre le Seigneur Sombre. Vader le désarme grâce à la Force et s'assied avec calme. Han, Leia et Chewie sont ses prisonniers.

Le *Falcon* a voyagé plusieurs semaines depuis Anoat avec son hyperdrive de secours.

Un implant cybernétique permet à l'assistant de Lando, Lobot, de gérer à distance l'ordinateur central de Cloud City.

PAS D'AVENIR POUR HAN SOLO

VADER S'EN PREND à Han et Leia, mais sa vraie cible est Luke, les autres n'étant que des appâts. Lando supporte de moins en moins que Vader lui donne sans cesse des ordres, mais il espère empêcher que l'Empire ne s'empare de Cloud City, et protéger Leia et Chewie. Le Seigneur Sith décide de plonger Luke dans la carbonite pour l'amener à l'Empereur. Quand Lando l'avertit que le processus peut se révéler fatal, Vader décrète qu'il va procéder à un test préalable — sur la personne de Han Solo !

UN DERNIER BAISER
Chewie se jette sur les stormtroopers mais Han le calme et lui rappelle qu'il va devoir veiller sur la princesse Leia. Han et Leia échangent un ultime baiser avant d'être séparés par les hommes de Vader.

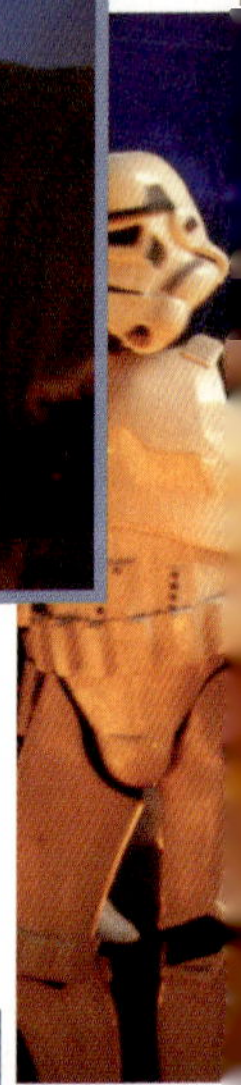

PERSONNAGE CENTRAL

Le capitaine Bewill

SITE

Carbocongélateur

La carbonite est un alliage solide servant à transporter le gaz Tibanna extrait sur Bespin.

V L'EMPIRE CONTRE-ATTAQUE

CARBOCONGÉLATION
Sous le regard de Vader, Han est descendu dans le bain de carbocongélation et disparaît dans un nuage de vapeur. Survivra-t-il ?

LE PIÈGE DE VADER
Han réapparaît, figé dans la carbonite solide — mais en vie. Vader dit à Fett d'apporter Han à Jabba le Hutt, et ordonne à Lando de conduire Leia et Chewbacca à son navire. Puis il se prépare pour l'arrivée de Luke.

En mettant la tête de Han à prix, Jabba n'a pas précisé si c'était mort ou vif. Fett se demande ce que le Hutt va penser de « carbocongelé ».

"Il est vivant – et en parfaite hibernation."
LANDO CALRISSIAN

ILS S'AIMENT.

- L'un des dialogues favoris de la saga – Leia déclarant « Je t'aime ! » à Han qui lui répond « Je sais ! » – est une idée que l'acteur Harrison Ford a eue lors d'une séance de travail avec le metteur en scène Irvin Kershner.

DUEL AVEC UN SEIGNEUR SITH

GUIDÉ PAR LA FORCE,
Luke s'envole pour Cloud City. Bientôt séparé de R2-D2, il se retrouve dans la salle où Vader veut le plonger en carbocongélation pour l'amener à l'Empereur. Quand Luke voit la silhouette en armure sombre de Vader, il gravit résolument les marches pour faire face au Seigneur Sith qu'il accuse d'avoir tué Obi-Wan ainsi que son père. L'un et l'autre allument leur sabre laser, et le duel entre Jedi et Sith commence.

PRISONNIERS DE VADER
Leia aperçoit Luke et tente de l'avertir qu'il s'agit d'un piège, mais Luke a parcouru trop de chemin pour faire demi-tour maintenant.

"La Force est avec toi, jeune Skywalker, mais tu n'es pas encore un Jedi."
DARTH VADER

SOUS LES MASQUES

- Pour le duel, Vader était joué par Bob Anderson, un célèbre escrimeur qui a été l'instructeur du célèbre acteur Errol Flynn.
- L'officier impérial qui entraîne Leia est joué par Jeremy Bulloch, qui a aussi incarné Boba Fett.

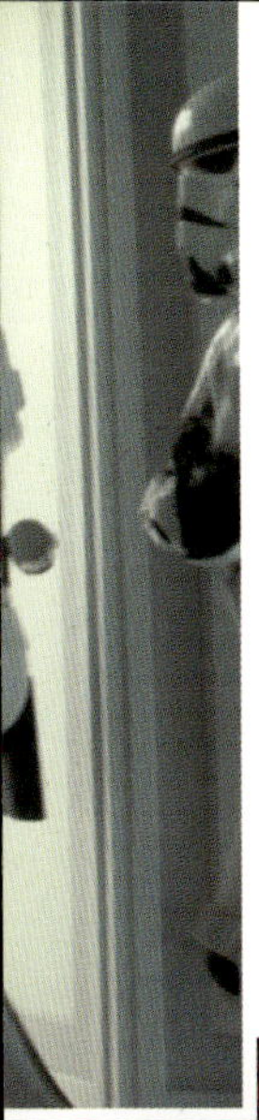

FACE AU SEIGNEUR SOMBRE

Enfin face à face avec Luke Skywalker, Darth Vader s'autorise un moment de satisfaction. Il va tester le jeune homme pour déterminer ce qu'il a appris, et à quelle puissance il peut prétendre.

LE JOUR ET LA NUIT

Luke est un adversaire impressionnant. Grâce à ses réflexes de Jedi, il réchappe de la carbonite et maîtrise sa colère. Mais il ne connaît pas encore la puissance du côté obscur — et il en ignore les secrets.

Obi-Wan a averti Luke de ne pas céder à la haine face à Darth Vader.

Vader est habile au sabre laser mais ses bras mécaniques l'empêchent de produire la foudre de la Force.

LE SECRET DU SEIGNEUR SOMBRE

VADER ATTAQUE violemment Luke et le pousse jusqu'à une passerelle étroite surplombant le puits du réacteur de Cloud City. Incapable de résister aux assauts du Seigneur Sith, Luke cède du terrain et finit par être acculé. C'est alors que Vader lui tranche la main, le laissant sans défense. Le jeune Jedi est vaincu, mais Vader ne l'achève pas : il lui demande de s'allier à lui ! Vader nourrit certains projets concernant Luke, et il s'apprête à révéler un secret sidérant...

UN JEDI DÉSARMÉ

Martyrisé, Luke comprend trop tard pourquoi Obi-Wan et Yoda disaient qu'il n'était pas prêt à affronter Vader. Il lutte encore, mais sans espoir : Vader prend le dessus et lui tranche une main.

Trop sûr de lui, Vader baisse sa garde un instant, ce qui permet à Luke de toucher son armure.

V
L'EMPIRE CONTRE-ATTAQUE

LA FORCE DU CÔTÉ OBSCUR
Luke refuse avec rage l'offre que lui fait Vader de terminer sa formation : comment pourrait-il s'allier à l'homme qui a tué son père ? La réponse le laisse sans voix : Vader déclare être le père de Luke !

S'ABANDONNER À LA FORCE
Malgré sa détresse, Luke sent que Vader ne ment pas. Mais il y a un autre choix : la mort. Il lâche prise et se laisse tomber dans le puits.

"Non. Je suis ton père."

DARTH VADER

Luke et Vader s'affrontent dans un puits où sont raffinés des gaz de grande valeur.

LE SECRET

- Hamill n'a appris le grand secret de l'Épisode V que sur le tournage. David Prowse avait reçu un texte alternatif selon lequel c'était Obi-Wan qui avait tué le père de Luke.

LA CONSCIENCE DE LANDO

AVEC SES GARDES, Lando délivre Leia et Chewie. Il leur apprend qu'ils peuvent encore arrêter Boba Fett avant qu'il n'emmène Han. Ils échouent, mais récupèrent au passage R2-D2 et parviennent à regagner le *Falcon*. Tandis qu'ils s'enfuient de Cloud City, Leia entend Luke qui l'appelle à travers la Force, et elle sent qu'il est en grand danger. Ils lui portent secours, mais le vaisseau de Vader les attend, et ses hommes ont désactivé l'hyperdrive du *Falcon*.

L'APPEL DE LUKE
Luke est aspiré hors du puits et se retrouve suspendu au-dessus des nuages de Bespin. Piégé et anéanti par la révélation que lui a faite Vader, il appelle à l'aide en se servant de la Force.

"Nous allons sortir d'ici."
LANDO CALRISSIAN

IRREMPLAÇABLE

- Un jour, l'acteur Peter Mayhew étant malade, Kershner a tourné avec un remplaçant. Mais sans Mayhew dans le costume de Chewie, le langage gestuel du Wookie ne passait plus, et les scènes furent jetées.

LA PROIE DU CHASSEUR
Boba Fett s'envole pour Tatooine avant que Leia puisse sauver Han. Mais elle ne s'avoue pas vaincue : elle parvient à quitter Cloud City — puis elle découvre qu'elle a encore un être cher à sauver.

R2-D2 S'EN MÊLE.
Le *Falcon* sauve Luke, mais son hyperdrive est encore en panne. R2-D2 prétend pouvoir réparer. Le petit droïde sait-il ce qu'il fait ?

En d'autres circonstances, Lando se réjouirait d'être à bord du cargo qu'il a perdu contre Han au sabacc.

Les techniciens de l'Empire ont annulé les réparations faites au *Falcon*, le laissant incapable de sauter dans l'hyperespace.

À LA RECHERCHE DE SOLO

R2-D2 RÉPARE l'hyperdrive et le *Falcon* s'échappe, laissant Vader ruminer son échec : il n'a pas pu attirer son fils vers le côté obscur. Les Rebelles ont subi une lourde défaite et il leur faut se regrouper. Luke a découvert le sombre secret de sa naissance et constaté qu'il n'est pas encore en mesure de vaincre le Sith. En plus, Han Solo est sur le point d'être livré à Jabba le Hutt. Mais Luke a reçu une main mécanique, et l'Alliance Rebelle a survécu — son combat pour la liberté continue !

L'ÉCHEC DE VADER
Après la fuite du *Falcon*, les officiers de Vader craignent pour leur vie, mais le Seigneur Sith s'éloigne sans le moindre regard pour eux.

La flotte Rebelle s'est réfugiée aux confins de la galaxie pour échapper aux Impériaux.

C'est au cours de la Guerre des Clones que C-3PO a reçu ces carters dépareillés.

LE JEDI RÉPARÉ

Le *Falcon* rejoint la flotte rebelle, et Luke peut se faire soigner. Un droïde médical le soigne et lui pose une main artificielle pour remplacer celle qu'il a perdue à Bespin dans son malheureux duel contre Vader.

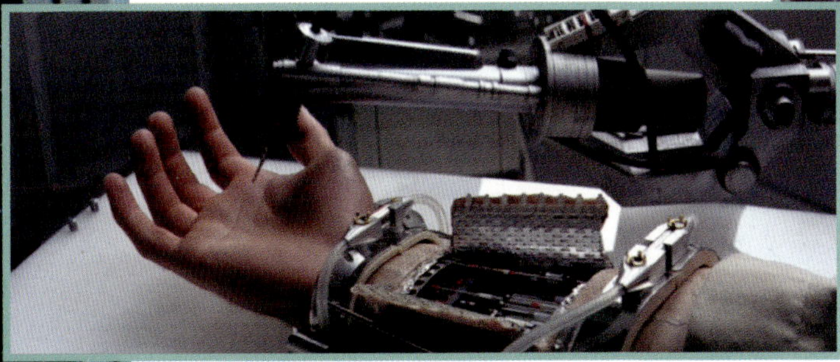

DES PROMESSES QUI ENGAGENT

Lando et Chewbacca se préparent à traquer Boba Fett. Luke a ses propres engagements : il délivrera Han, puis il achèvera sa formation sur Dagobah.

VÉHICULE

Frégate Nebulon-B

AU TOUCHER

- Kershner a montré Luke réagissant au contact sur ses doigts afin que le public comprenne que sa main artificielle était sensible.
- Dans cette scène Leia porte à nouveau sa tenue de l'Épisode IV.

LE PALAIS DE JABBA LE HUTT

SIX MOIS APRÈS sa terrible défaite sur Hoth, l'Alliance Rebelle est confrontée à un nouveau danger : l'Empire a entrepris de construire une seconde Étoile Noire, deux fois plus puissante que celle que Luke Skywalker a détruite à Yavin. Tandis que les espions découvrent les secrets de la nouvelle station de combat, Luke, la princesse Leia, Lando Calrissian et Chewie ont une mission à accomplir : délivrer Han Solo, toujours prisonnier de la carbonite, du palais que possède sur Tatooine Jabba le Hutt, l'impitoyable seigneur du crime.

ON A SONNÉ
Pour secourir Han, Luke envoie C-3PO et R2-D2 chez le Hutt. Les droïdes ont un message pour Jabba — et un cadeau.

"R2, tout ça ne me dit rien qui vaille."
C-3PO

Anakin Skywalker a assemblé C-3PO avec des pièces dont certaines furent forgées un siècle plus tôt sur la planète Affa.

DROÏDE

Droïde portier

CRÉATURES

Bubo

Worrt

LE MESSAGE DE LUKE

R2-D2 diffuse un hologramme de Luke dans lequel le Jedi demande audience pour négocier la vie de Han. À la stupeur de C-3PO, il ajoute qu'il offre les deux droïdes à Jabba en gage de bonne volonté.

LA COUR DU CRIME

Bib Fortuna, le valet de Jabba, présente les droïdes à son maître en présence d'une cour de voyous aliens, dont Boba Fett le chasseur de primes. C-3PO aperçoit Han congelé, accroché à un mur comme un bibelot.

Afin de délivrer Han, Luke s'est construit un nouveau sabre laser qu'il a caché dans R2-D2.

PIONNIER

- Dans les premiers scripts de Lucas, l'un des sites du palais de Jabba était une planète verdoyante, Sicemon, imaginée par Ralph McQuarrie. La planète Lothal de *Star Wars: Rebels* (2014) en est inspirée.

PERSONNAGES CENTRAUX

Bib Fortuna

Salacious Crumb

EV-9D9

HAN SOLO DÉLIVRÉ

R2 EST AFFECTÉ à la barge à voile de Jabba, et C-3PO retourne à la salle du trône en qualité d'interprète. Il doit traduire les propos d'un chasseur de primes alien, Boushh, qui arrive avec Chewbacca comme prisonnier. Le Hutt paie la prime pour Chewie, qui est jeté en prison, et invite Boushh à se joindre à ses courtisans dépravés. Pourtant les apparences sont trompeuses : Boussh est en réalité Leia. La nuit venue, la princesse tombe le masque et délivre Han de sa cage de carbonite.

L'AUDACE DU CHASSEUR
Quand Jabba refuse à Boushh le montant qu'il demande pour Chewie, le chasseur de primes exhibe un détonateur thermique. Impressionné, Jabba accepte d'augmenter son prix.

PERSONNAGE CENTRAL

Gargan

LES ALIENS

- La sculpture de Jabba le Hutt avait nécessité quatre tonnes d'argile, et la marionnette était animée par trois personnes.
- L'actrice Pat Welsh a prêté sa voix non seulement à Boushh mais aussi au héros de *E.T. l'extraterrestre*.

BRÈVES RETROUVAILLES

Leia ignorait que Jabba et sa cour étaient cachés derrière un rideau. Han rejoint Chewie en prison, tandis que Leia est enchaînée, condamnée à servir le Hutt avec le statut d'esclave.

HAN EST LIBRE.

À la nuit tombée, Boushh traverse la salle du trône plongée dans le noir et libère Han de la carbonite. Souffrant du mal de l'hibernation, le contrebandier a perdu la vue, mais il est fou de joie en entendant la voix de la femme qu'il aime.

GARE AU RANCOR

UNE FOIS ses amis infiltrés dans le palais de Jabba, Luke passe à la suite de son plan : négocier la liberté de Han. Jabba interdit à Bib Fortuna de laisser passer le Jedi, mais Luke utilise la Force pour lui obscurcir l'esprit. Quand cette ruse échoue sur le Hutt lui-même, Luke essaie de se battre mais Jabba actionne une commande qui précipite le jeune homme, ainsi qu'un Gamorréen malchanceux, dans une fosse située sous la salle du trône. Là vit un monstre appelé le rancor, qui avale le garde avant de dévorer Luke des yeux.

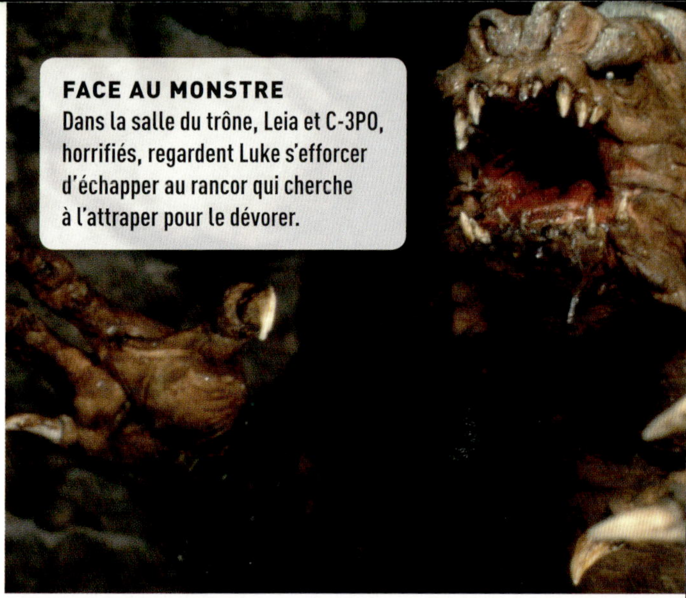

FACE AU MONSTRE
Dans la salle du trône, Leia et C-3PO, horrifiés, regardent Luke s'efforcer d'échapper au rancor qui cherche à l'attraper pour le dévorer.

PETIT MONSTRE

- Les grondements du terrible rancor étaient ceux, déformés, d'un basset nommé Max.
- Pour le rancor, après des essais ratés avec un homme déguisé, le choix des techniciens s'est porté sur une marionnette à tiges.

PERSONNAGES CENTRAUX

Malakili

Ephant Mon

Hermi Odle

J'Quille

Tessek

MONSTRUEUSE FIN

Luke lance le crâne sur la commande de la grille, qui s'abat sur le monstre et le tue. Furieux, Jabba décide que Luke et ses amis seront exécutés au grand puits de Carkoon — comme l'espérait Luke.

PENSER VITE

Le rancor essaie d'engloutir Luke, mais le Jedi lui bloque les mâchoires grâce à un os. Luke s'aperçoit qu'une lourde grille sépare la grotte en deux. Il attrape un crâne et fait une ultime tentative.

Pauvres en cerveau mais riches en muscle, les Gamorréens défendent leur maître avec de grosses haches.

CRÉATURE

Le rancor

"Tes pouvoirs spirituels ne marcheront pas sur moi !"

JABBA LE HUTT

Jabba utilise la trappe pour se débarrasser de ses ennemis, de serviteurs déchus ou d'invités qui l'ennuient.

LE GRAND PUITS DE CARKOON

LE GRAND PUITS de Carkoon abrite le terrible Sarlacc, à qui Jabba donne à manger ses prisonniers. Tandis que le Hutt regarde la scène depuis sa barge à voile, une chaloupe transportant Luke, Han et Chewie se place au-dessus de la fosse. Jabba ordonne à ses gardes de pousser Luke dans la gueule du monstre, mais R2-D2 est arrivé sur le pont de la barge et éjecte le sabre laser caché sous son dôme. À la surprise du Hutt et de ses sbires, Luke s'élance dans les airs, attrape son arme et attaque ses gardiens sidérés. Le combat a commencé !

LE PLAN DU JEDI

En plein air, Luke a de meilleures chances de recouvrer la liberté. Il demande à Han de rester près de Chewie et Lando, puis il s'avance sur la planche au-dessus du Sarlacc et attend R2-D2.

PERSONNAGES CENTRAUX

Klaatu

Barada

Vizam (Nikto)

Ree-Yees

Saelt-Marae

Pagetti Rook

CRÉATURE

Le Sarlacc

VÉHICULES

Barge à voile

Chaloupe

ADIEUX, GANGSTERS

- La mort de Jabba rappelle celle du gangster Luca Brasi dans le film *Le parrain* (1972).
- George Lucas a écarté une idée du scénariste, Lawrence Kasdan, qui suggérait que Lando meure à Carkoon.

Le Sarlacc avale ses victimes entières, puis il les digère pendant 1 000 longues années — du moins selon une légende de Tatooine.

L'ESCLAVE SE VENGE. L'offensive de Luke sème la panique dans l'entourage de Jabba. Leia en profite pour faire passer sa chaîne autour du cou du Hutt et l'étrangle.

LA LIBERTÉ SUR TATOOINE
Pendant les combats, Boba Fett et les acolytes de Jabba tombent dans la gueule béante du Sarlacc. Luke et Leia tirent au canon sur la barge avant de sauter à bord de la chaloupe, qui s'éloigne tandis que la barge explose.

"Ils vont exécuter maître Luke et, si nous n'y prenons pas garde, nous aussi !"
C-3PO

Luke porte une tenue fonctionnelle, appropriée à un Chevalier Jedi.

LE MAL RENAÎT.

AU-DESSUS d'Endor, une planète lointaine, l'Empire construit une nouvelle Étoile Noire pour asseoir son pouvoir. L'empereur Palpatine, qui est en réalité le Seigneur Sith Darth Sidious, arrive à la station de combat, où il est accueilli par Darth Vader. Sidious sait que Vader désire continuer à rechercher Luke Skywalker, mais il l'invite à être patient : c'est Luke qui viendra à lui. Alors Vader devra amener Luke à Sidious. En manœuvrant ensemble, les deux Sith parviendront à convertir Luke au côté obscur de la Force.

URGENCE
Alors même que l'Empereur fait son apparition, les espions rebelles essaient toujours de localiser la nouvelle Étoile Noire. L'Alliance espère pouvoir la détruire avant que sa construction soit achevée.

PERSONNAGES CENTRAUX

Sim Aloo

Janus Greejatus

Moff Jerjerrod

SITE

Endor

JEUX DE RÔLES

- Dans les premières versions du scénario, le Moff Jerjerrod, personnage mineur de l'Épisode IV, était plus important : c'était le rival de Vader auprès de l'Empereur.
- C'est Alan Webb, un acteur chevronné, qui devait incarner l'empereur, mais il a dû renoncer pour raison de santé, et le rôle est allé à Ian McDiarmid.

Le manteau de Sidious est d'une étoffe grossière — c'est une allusion dénaturée à la simplicité en vigueur parmi les Jedi.

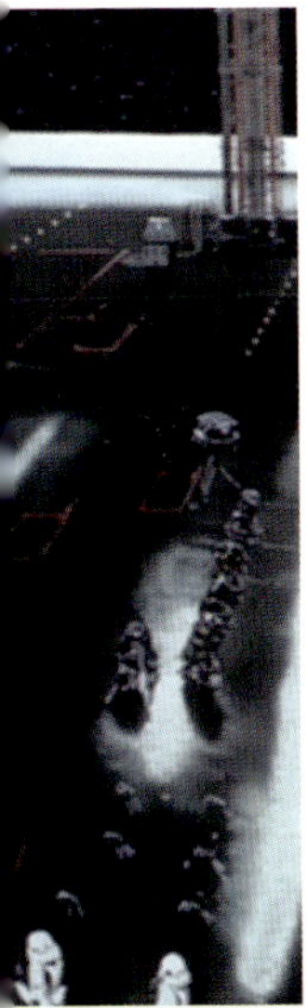

RENONCEMENT

Vader a un temps pensé que Luke l'aiderait à renverser Sidious, afin que père et fils gouvernent ensemble la galaxie, mais l'homme qui fut Anakin Skywalker a renoncé à s'opposer à la volonté de son sinistre maître Sith.

LA VISION D'UN MAÎTRE

La puissance du côté obscur a révélé à Sidious la volonté de la Force : Luke va céder à sa colère et tuer son père Anakin. Sidious est persuadé qu'alors Luke deviendra son nouvel apprenti Sith.

"L'Empereur n'est pas aussi indulgent que moi."

DARTH VADER

La plupart des citoyens de la galaxie ne connaissent Sidious que comme Palpatine, l'ex-chancelier devenu empereur.

RETOUR À DAGOBAH

EN QUITTANT Dagobah pour aller secourir ses amis à Cloud City, Luke a juré à Yoda de revenir pour achever sa formation de Jedi. Désireux d'honorer sa promesse, il quitte Tatooine pour Dagobah, mais le Yoda qu'il découvre est à l'agonie. Le vieux Jedi déclare que Luke maîtrise désormais la Force, mais qu'il va devoir affronter Darth Vader et l'empereur Palpatine avant de devenir un Chevalier Jedi. Yoda meurt et rejoint la Force, mais l'esprit d'Obi-Wan révèle à Luke un incroyable secret de famille.

UNE ULTIME LEÇON
Yoda confirme à Luke que Darth Vader est bien son père. Il lui conseille ensuite de ne pas sous-estimer l'Empereur et de résister à ses émotions négatives quand il fera face au Sith.

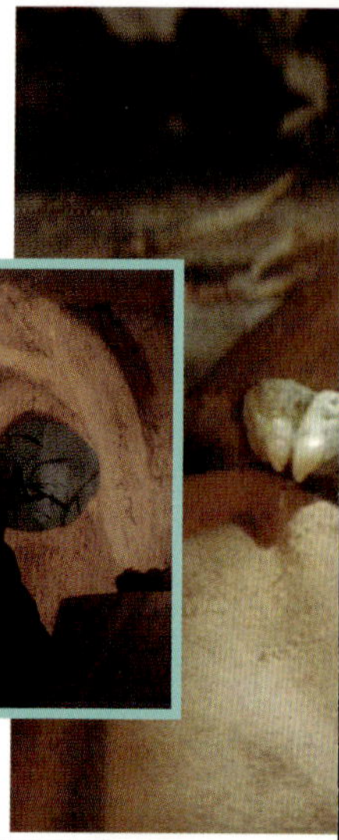

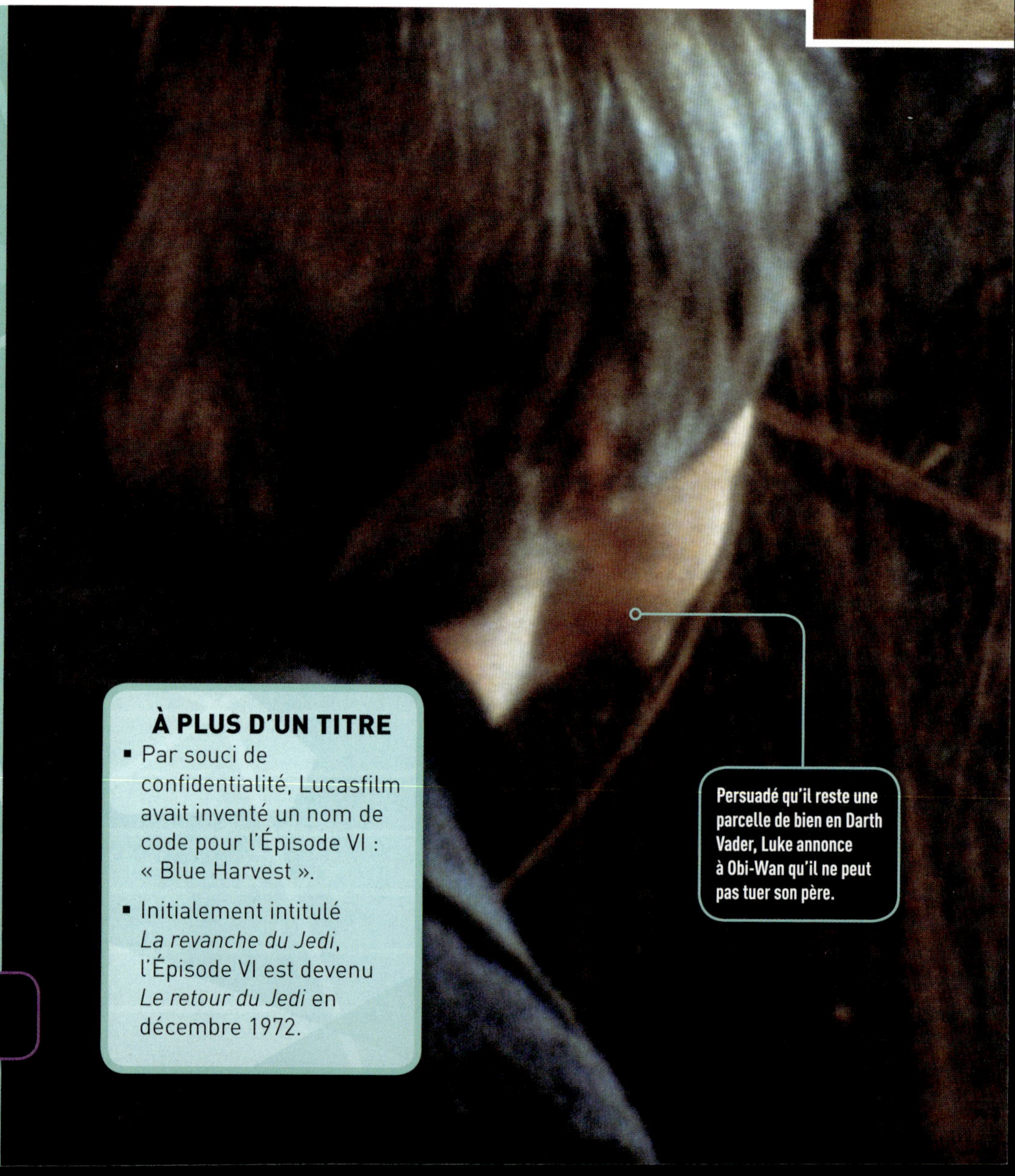

Persuadé qu'il reste une parcelle de bien en Darth Vader, Luke annonce à Obi-Wan qu'il ne peut pas tuer son père.

À PLUS D'UN TITRE

- Par souci de confidentialité, Lucasfilm avait inventé un nom de code pour l'Épisode VI : « Blue Harvest ».
- Initialement intitulé *La revanche du Jedi*, l'Épisode VI est devenu *Le retour du Jedi* en décembre 1972.

DANS LA FORCE
Tous les êtres meurent, et l'heure est venue pour Yoda. Son corps disparaît, s'unissant à la Force, tout comme c'est arrivé à Obi-Wan dans l'Étoile Noire.

LE SECRET DES TÉNÈBRES
Alors qu'il regagne son X-wing, Luke voit apparaître l'esprit d'Obi-Wan. L'ancien Jedi, qui se sent responsable de la chute d'Anakin Skywalker dans le côté obscur, révèle à Luke l'autre secret de sa famille : la princesse Leia est sa sœur jumelle !

Obi-Wan prévient Luke que son père est moins un homme qu'une machine.

"Tu ne peux échapper à ton destin. Tu dois affronter Darth Vader à nouveau."
OBI-WAN KENOBI

POURSUITE EN SPEEDER BIKE

CEPENDANT, les Rebelles se préparent à attaquer l'Étoile Noire. Ils croient que ses défenses ne sont pas encore opérationnelles, même si elle est à l'abri d'un bouclier d'énergie généré depuis la lune d'Endor. Ils projettent de déposer sur la petite planète un commando qui ira désactiver l'écran protecteur avant l'arrivée de leur flotte, puis les chasseurs pénétreront à l'intérieur de l'Étoile Noire pour frapper son réacteur principal. Lando les commandera pendant que Han, Leia, Chewie, Luke et les droïdes se chargeront du générateur.

PRÉPARATIFS DE BATAILLE
Rentré de Dagobah, Luke assiste au briefing de mission puis se joint au commando de Han. À bord d'une navette impériale volée, ils circulent entre les bâtiments de guerre qui protègent Endor avant de se poser sur sa lune.

PERSONNAGES CENTRAUX

Wicket

L'amiral Ackbar

Mon Mothma

Le général Madine

Orrimaarko

À VITESSE LENTE

- L'illusion de vitesse dans cette scène a été obtenue simplement : un opérateur a marché dans la forêt avec une Steadicam qui filmait une image par seconde. Passée à 24 images/seconde, la balade se change en une course effrénée.

La tenue des Rebelles les camoufle au sein de la végétation abondante de la lune forestière d'Endor.

LA CHASSE EST LANCÉE. Des éclaireurs impériaux repèrent les Rebelles. Luke et Leia enfourchent des speeder bikes et les pourchassent parmi les arbres.

RENCONTRE AVEC UN EWOK
Luke et Leia éliminent les éclaireurs avant qu'ils aient alerté l'Empire, mais ils sont séparés durant la poursuite. Leia est découverte par Wicket, un guerrier Ewok qui décide de la conduire à son village.

Le commando casqué emmène du matériel de survie, des blasters à silencieux, des fusils et des détonateurs.

VÉHICULES

Speeder bike

Croiseur Mon Calamari

"Tu es un petit froussard, toi, hein ?"
LA PRINCESSE LEIA

AUX MAINS DES EWOKS

HAN DIT aux membres du commando de le retrouver au générateur de bouclier, puis il se lance avec Luke, Chewie et les droïdes à la recherche de Leia. Bientôt ils tombent dans un piège posé par des Ewoks et se retrouvent encerclés par les petits guerriers velus. Han réagit avec colère, mais Luke le convainc de ne pas résister : il sent que ces créatures feraient des alliés précieux et pourraient aider les Rebelles à détruire le bouclier qui protège l'Étoile Noire en orbite autour de la planète.

LE DORÉ A L'AIR FIN.
Les Ewoks prennent C-3PO pour un dieu et lui fabriquent un trône pour l'emporter jusqu'à leur village dans les arbres. Le droïde est sensible à cet honneur, et ses amis s'amusent de la situation.

PERSONNAGES CENTRAUX

Paploo

Teebo

Logray

Le chef Chierpa

Leektar

Lumat

SITE

Le village des Ewoks

> "Hé ! Pointez ce truc-là vers autre chose !"
> HAN SOLO

DES EWOKS ET DES HOMMES

- Kenny Baker, un habitué de *Star Wars* qui jouait Wicket, dut être remplacé pour raison de santé par Warwick Davis, âgé de 11 ans.
- C'est seulement pour l'édition Blu-ray de 2011 qu'il a été possible de faire en sorte que les Ewoks clignent des yeux.

Les Ewoks chassent de petits animaux avec leurs lances et attrapent le gros gibier dans des filets de corde et de liane.

LE DIEU LÉVITANT
Luke fait léviter C-3PO grâce à la Force afin d'effrayer les Ewoks, qui libèrent les Rebelles et acceptent de se joindre au combat contre l'Empire.

FÊTE SACRIFICIELLE
Au village, les Ewoks veulent cuisiner les amis de Leia pour les offrir au droïde doré. Les petits guerriers refusant de libérer leurs prisonniers, Luke conseille à C-3PO d'utiliser sa magie.

Les Ewoks du Village de l'Arbre Clair contrôlent cette région de la lune d'Endor.

SECRETS DE FAMILLE

TANDIS QUE ses amis recrutent les Ewoks pour l'attaque du générateur de bouclier, Luke se sent troublé. À travers la Force il perçoit la proximité de Darth Vader, et il sait que c'est réciproque. De plus, il reste persuadé qu'une part d'Anakin Skywalker a survécu en Vader, et il est résolu à arracher son père à l'emprise du côté obscur. Afin de ne pas mettre en danger les autres Rebelles, Luke se constitue prisonnier auprès d'une patrouille impériale, et prétend que personne d'autre ne l'accompagnait dans sa mission.

LE PASSÉ RÉVÉLÉ
Avant de partir, Luke révèle à Leia ce qu'il a appris d'Obi-Wan : elle est sa sœur cachée, la fille d'Anakin Skywalker !

PERSONNAGE CENTRAL

Le commandant Igar

"Il est trop tard pour moi, mon fils."
DARTH VADER

Luke espère que la flotte rebelle détruira l'Étoile Noire, Vader et l'Empereur — même s'il doit lui-même y laisser la vie.

REDDITION D'UN REBELLE

Vader se rend sur la lune forestière d'Endor afin d'accueillir son fils, dont il a appris la reddition. Tout se passe comme l'avait prédit l'Empereur : Luke est effectivement venu trouver le père qu'il avait perdu.

LA PRIÈRE DU FILS

S'adressant à Vader en tant qu'Anakin Skywalker, Luke le presse de renoncer à la haine, mais Vader réagit mal en entendant son nom. Il déclare que Luke doit obéir à l'Empereur puis emmène son fils sur l'Étoile Noire.

DOUBLURE DE SITH

- Le photographe Craig Barron a joué Vader pour un plan de son arrivée sur Endor, mais étant beaucoup plus petit que David Prowse, qui incarnait Vader, il a glissé sur sa cape et chuté sur la rampe de la navette, faisant rire tous les témoins.

Ce panneau contrôle les systèmes qui maintiennent Vader en vie dans son armure.

FACE-À-FACE À ENDOR

L'AMIRAL ACKBAR, chef de la Rébellion, ignore si le commando a réussi à neutraliser le bouclier de l'Étoile Noire, mais l'assaut ne peut plus attendre : la station de combat sera bientôt achevée, et tuer l'empereur Palpatine pourrait mettre fin à l'Empire en une seule bataille. Lando conduit la flotte rebelle dans l'hyperespace jusqu'à Endor, mais une terrible nouvelle les attend : le bouclier est toujours là, l'Empire a prévu l'attaque d'Ackbar, et l'Étoile Noire est opérationnelle — un piège signé Palpatine.

LA BATAILLE D'ENDOR
À bord du *Millennium Falcon*, Lando comprend – juste à temps pour ne pas s'écraser dessus – que le bouclier protège toujours l'Étoile Noire. C'est alors que surgissent des nuées de chasseurs TIE.

Les systèmes internes de l'Étoile Noire sont achevés, mais sa superstructure est en cours d'assemblage.

EN DÉSESPOIR DE CAUSE
Lando persuade Ackbar de ne pas annuler l'assaut : les Rebelles doivent donner à Han le temps d'éteindre le bouclier d'énergie.

BATAILLE SPATIALE
Lando sait que l'Alliance n'aura pas de meilleure occasion de vaincre l'Empire. Les bâtiments rebelles et impériaux échangent des bordées, s'infligeant d'énormes dégâts.

"C'est un piège !"
L'AMIRAL ACKBAR

LA CHAUSSURE FURTIVE

- Le magicien des trucages Ken Ralston a glissé l'une de ses chaussures dans un plan particulièrement complexe de la bataille spatiale. Le tournage fini, ILM a offert l'objet au producteur Howard Kazanjian.

Le *Falcon* a été armé de torpilles à protons pour frapper le réacteur principal de l'Étoile Noire.

PERSONNAGES CENTRAUX

Nien Nunb

Ekelarc Yong

Grizz Frix

VÉHICULES

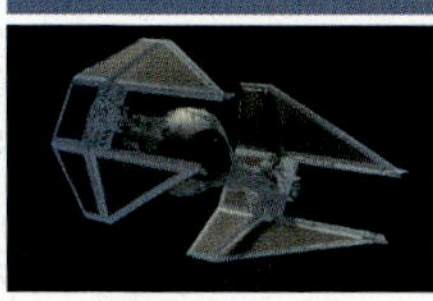
Intercepteur TIE

Chasseur A-wing

Chasseur B-wing

COMBATS FORESTIERS

HAN ET LEIA s'emparent du bunker abritant le générateur de bouclier, sans savoir que l'Empereur connaît leur plan et qu'ils sont attendus par une section d'élite de stormtroopers. Quand des Impériaux soutenus par des TS-TT capturent les Rebelles, Wicket court avertir les Ewoks. Les petits guerriers s'en prennent aux troupes impériales avec des lances, des pierres et des arcs. Il leur manque la technologie, mais ils sont rapides, discrets et adroits – d'autant qu'ils défendent leur chère forêt.

LE WOOKIE PASSE À L'ACTION. Tandis que les combats dans la forêt virent au chaos général, Chewie et deux guerriers Ewoks prennent le contrôle d'un TS-TT. Leur bipode ouvre le feu sur ses semblables, ainsi que sur les stormtroopers.

Un stormtrooper confisque à Han le pistolet DL-44 qu'il a customisé avec amour.

PERSONNAGES CENTRAUX

Widdle

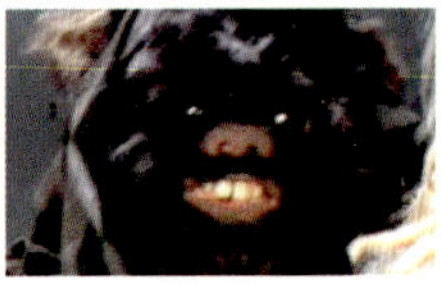

Wunka

Nanta

Romba

Le major Newland

Le lieutenant Blanaid

VÉHICULE

Planeur Ewok

DANS LE BUNKER

Plusieurs Impériaux s'étant enfermés dans le bunker, Leia appelle R2-D2 pour qu'il ouvre la porte. Quand le petit droïde est atteint par un tir de blaster qui le paralyse, Han tente de court-circuiter le système.

CIBLE DÉTRUITE

Han réussit, et les Rebelles posent des explosifs dans le bunker. La déflagration détruit le générateur, rendant l'Étoile Noire vulnérable.

"Ils vont se faire prendre !"

C-3PO

L'armure du stormtrooper résiste aux projectiles, mais les parties du corps non couvertes sont très vulnérables.

ERREUR D'IDENTITÉ

- Les forêts de Californie étant censées abriter une sorte de singe appelé Bigfoot, que les chasseurs traquent parfois, on avait déconseillé à l'acteur Peter Mayhew de se balader dans son costume de Chewbacca.

À BORD DE L'ÉTOILE NOIRE, l'empereur essaie de provoquer Luke afin qu'il soit vulnérable au côté obscur de la Force. La crainte qu'il éprouve pour ses amis est le point faible de Luke. Incapable de supporter les sarcasmes de Palpatine, il s'empare de son sabre laser mais Vader bloque son attaque. Ils s'affrontent jusqu'à ce que Luke se reprenne et renonce à combattre son père. Mais Vader lit en lui et découvre qu'il a une sœur jumelle — si son fils refuse le côté obscur, peut-être sa fille y viendra-t-elle !

SIDIOUS TRIOMPHE. Darth Sidious sent la victoire à sa portée : la flotte rebelle est dévastée, et Luke remplacera bientôt son père en tant qu'apprenti Sith.

DUEL DANS L'ÉTOILE NOIRE

"Bien ! Ta haine t'a rendu beaucoup plus puissant !"

L'EMPEREUR PALPATINE

Anakin a perdu son bras droit face au comte Dooku autrefois, et Luke vient de trancher la prothèse qui le remplaçait.

UTILISE LA FORCE !

- Pour la scène où Luke fait venir à lui son sabre laser, tout a été filmé à l'envers : Mark Hamill s'est donné l'air troublé, il est entré dans le champ comme s'il en sortait, a pris l'air calme puis a jeté son arme. La scène a ensuite été passée dans l'autre sens.

DILEMME

Dans le but d'atteindre Anakin à l'intérieur de Vader, Luke déclare à son père qu'il ressent le conflit qui l'agite, mais quand Vader perçoit l'existence de Leia, Luke perd ses moyens et relance son attaque.

L'ASSAUT DU JEDI

Luke est furieux que Vader puisse tenter de convertir Leia au côté obscur. Il surmonte la défense de son père et lui coupe une main. Tout indique que Darth Sidious a vu juste...

Vader n'attend ni pitié de son fils ni aide de son maître. La trahison est la voie des Sith, et le plus faible est éliminé.

FACE À L'EMPEREUR

RAVI, DARTH SIDIOUS déclare que Luke doit accomplir son destin en prenant la place de son père. Après avoir cédé un instant à sa colère, Luke se ressaisit et éteint son sabre laser : il refuse de tuer le père qu'il est venu sauver, et il ne succombera jamais au côté obscur. Le plan de Sidious pour recruter un nouvel apprenti a échoué. Le Sith n'insiste pas — mais si Luke ne se convertit pas, il doit mourir : Sidious déchaîne sur lui la terrifiante foudre de la Force. Le jeune Jedi appelle à l'aide son père, qui est gravement blessé.

COMPASSION
La main tranchée de Vader renvoie Luke à ses propres faiblesses, et il refuse de tuer son père. Il affrontera Darth Sidious avec calme et détermination.

La salle du trône de l'Empereur est le point le plus élevé de l'Étoile Noire.

SONS ET LUMIÈRES

- Dans les premières versions, l'esprit d'Obi-Wan et celui de Yoda aidaient Luke en déviant les éclairs de l'Empereur.
- Pour le bruit produit par la foudre de la Force, l'ingénieur du son Ben Burtt a utilisé le matériel qui a servi au film *Frankenstein* (1931).

"Vous avez échoué, Votre Altesse. Je suis un Jedi, comme mon père l'avait été avant moi !"

LUKE SKYWALKER

SORCELLERIE SITH

Rendu furieux par le courage de Luke, Sidious le foudroie avec le côté obscur — sans un regard pour Vader qui, bien que blessé, se redresse.

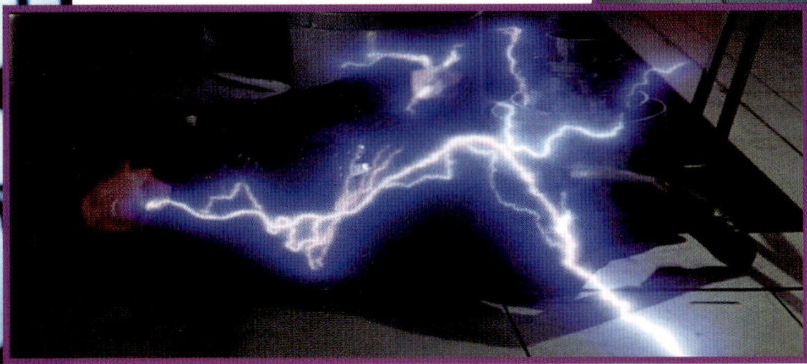

LA FIN DE L'EMPEREUR

La clémence de Luke réveille en Vader l'amour pour son fils perdu. Il empoigne Sidious et le précipite dans un puits, tuant le Seigneur Sith qui a anéanti les Jedi, la République et Anakin Skywalker.

Seul un Maître Jedi expérimenté peut endurer les énergies maléfiques des éclairs du côté obscur.

LE SECOND RAID

SITÔT le bouclier qui protège l'Étoile Noire désactivé, le *Falcon* plonge dans les entrailles de la station de combat, suivi par un escadron de chasseurs rebelles. Pour leur donner du temps, Ackbar ordonne à ses croiseurs de viser l'*Executor*, le navire amiral, qui va s'écraser sur l'Étoile Noire. À l'intérieur de la station, Lando pilote le *Falcon* jusqu'au réacteur principal et tire ses torpilles. La terrifiante installation militaire est condamnée, mais le cargo se trouve au cœur de la machine de mort de Palpatine, et la surface est encore loin.

LE PRIX DE LA GUERRE
Les Rebelles anéantissent l'*Executor*, le puissant Super Star Destroyer. Autour d'Ackbar c'est la joie, mais l'amiral secoue la tête à la pensée de toutes les vies perdues dans les deux camps.

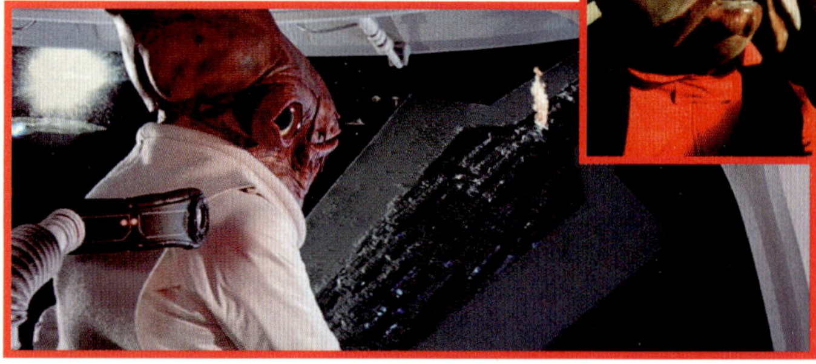

"Yee-haaa !"
LANDO CALRISSIAN

PERSONNAGES CENTRAUX

Arvel Crynyd — Keir Santage — Jake Farrell — Le commandant Gherant

AU CŒUR DES TÉNÈBRES
Lando et son copilote Nien Nunb se guident sur la plus forte source d'énergie, ce qui les conduit au réacteur principal de l'Étoile Noire. Ils frappent un coup décisif et s'enfuient aussitôt.

VICTOIRE À ENDOR
Le *Falcon* émerge de l'Étoile Noire juste avant qu'elle n'explose en une vaste boule de feu illuminant le ciel d'Endor. L'Alliance est victorieuse !

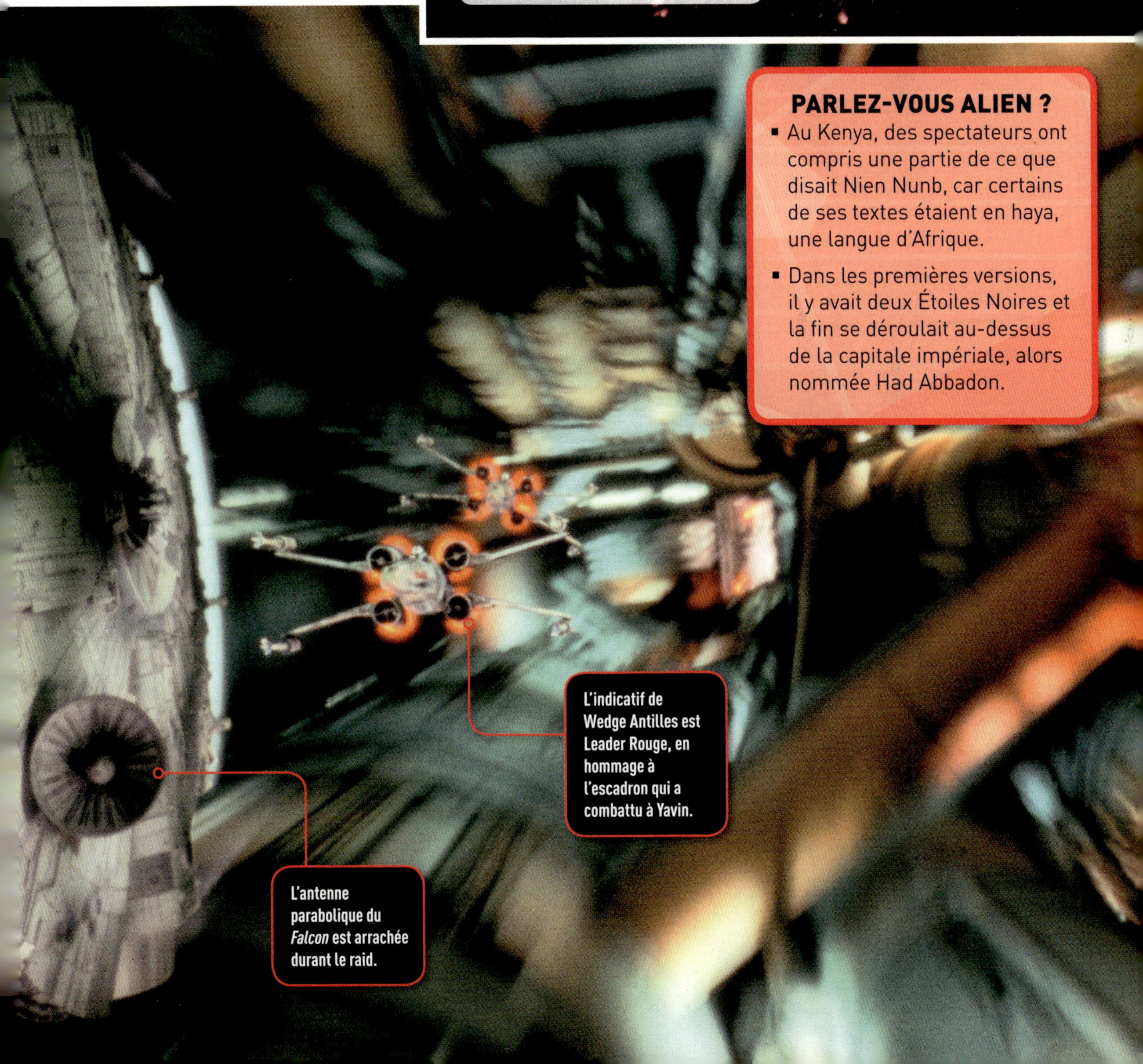

PARLEZ-VOUS ALIEN ?

- Au Kenya, des spectateurs ont compris une partie de ce que disait Nien Nunb, car certains de ses textes étaient en haya, une langue d'Afrique.
- Dans les premières versions, il y avait deux Étoiles Noires et la fin se déroulait au-dessus de la capitale impériale, alors nommée Had Abbadon.

L'indicatif de Wedge Antilles est Leader Rouge, en hommage à l'escadron qui a combattu à Yavin.

L'antenne parabolique du *Falcon* est arrachée durant le raid.

LES ADIEUX À UN JEDI

AVANT QUE l'Étoile Noire ne soit détruite, Luke transporte son père blessé jusqu'à une navette, mais Anakin est trop atteint pour survivre. Il demande à Luke de l'aider à ôter son casque, car il veut contempler son fils sans le masque noir qui est son visage depuis longtemps. Il prie ensuite Luke de partir, mais le jeune homme refuse et déclare qu'il veut l'aider. Anakin lui répond que c'est déjà fait, et meurt. Plein de chagrin, Luke s'enfuit de l'Étoile Noire pour aller brûler l'armure de son père dans une clairière de la lune forestière.

LE RETOUR DU JEDI
Au-delà des plaies et des brûlures qui ravagent le visage d'Anakin, Luke voit l'humanité de son père. Anakin Skywalker est de retour…

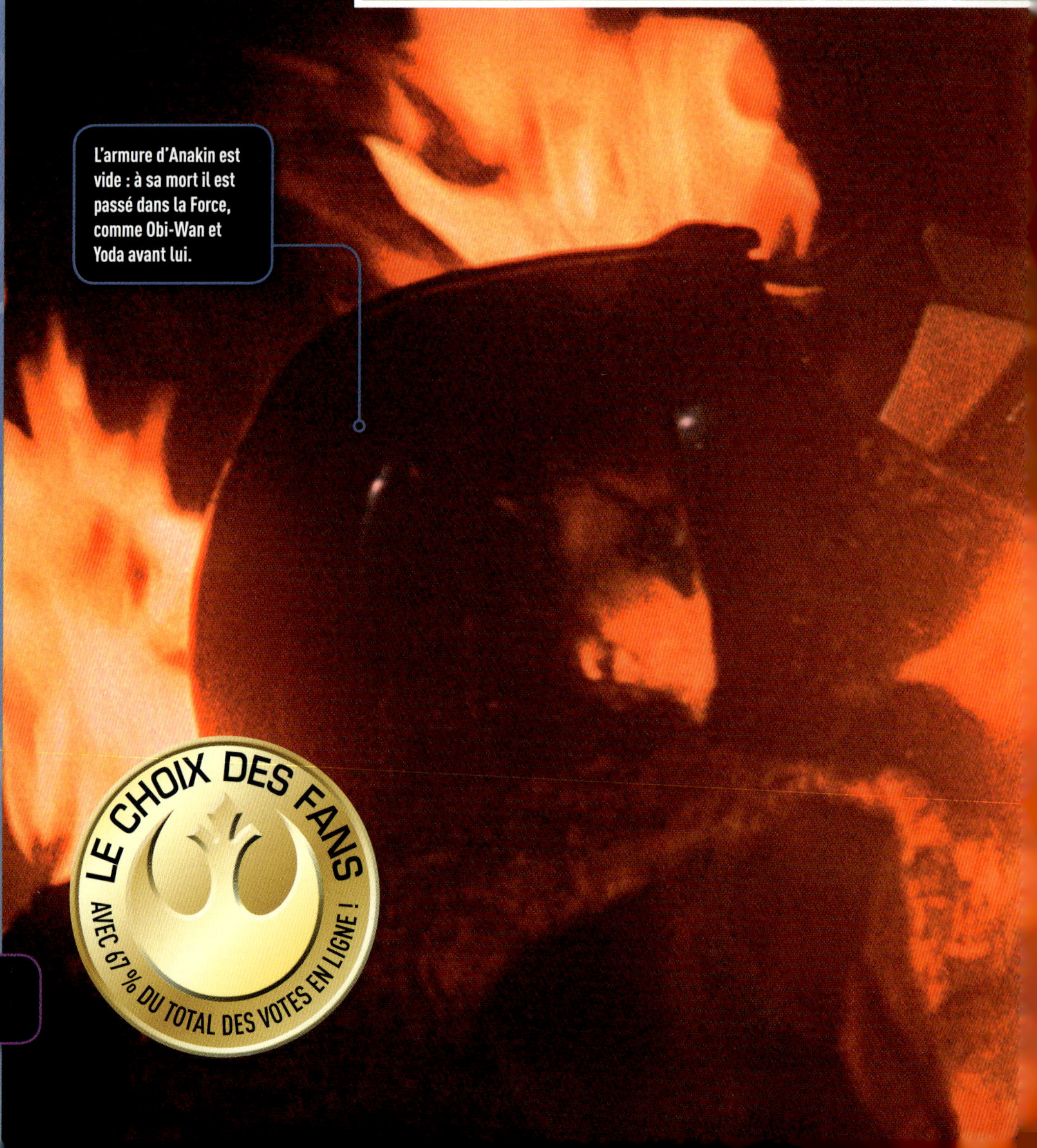

L'armure d'Anakin est vide : à sa mort il est passé dans la Force, comme Obi-Wan et Yoda avant lui.

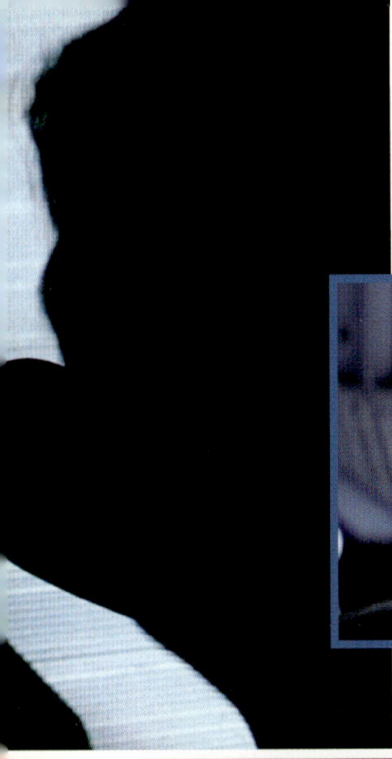

PLUS HOMME QUE MACHINE

Les attaches émotionnelles d'Anakin l'ont rendu vulnérable au côté obscur, mais elles lui ont aussi permis de s'en libérer. Luke n'oubliera pas cette leçon quand il œuvrera à reconstruire l'Ordre Jedi.

LA PROPHÉTIE SE RÉALISE.

Avec Anakin s'éteignent également les Sith. L'homme qui a causé la disparition de l'Ordre Jedi a aussi provoqué celle des Sith, rétablissant l'équilibre de la Force, selon la prophétie.

"Pour une fois, laisse-moi te regarder avec mes propres yeux."

ANAKIN SKYWALKER

PERSONNAGE CENTRAL

Anakin Skywalker

Le bûcher funéraire ne laisse d'autres traces de Darth Vader que quelques morceaux de plastique et de métal.

LE DERNIER PLAN

- Ce célèbre plan a failli ne pas exister. Il ne figurait pas dans le premier montage de l'Épisode VI, mais le monteur Duwayne Dunham a fait observer que le public allait croire que Luke avait laissé son père dans l'Étoile Noire. La nouvelle scène a vite été tournée au Ranch Skywalker.

LA LIBERTÉ FÊTÉE

L'EMPEREUR est mort, l'Étoile Noire a été détruite, et les Sith sont vaincus. Les héros de Rébellion ont triomphé, grâce à leur courage face à l'ennemi, à leur foi en leurs camarades et à l'amour qui les unit. Quant à Luke Skywalker, il a accompli son destin en rallumant la flamme des Jedi et en aidant son père à reconquérir son humanité afin de trouver la paix. Alors qu'il rejoint ses amis, la Force envoie à Luke une vision : les esprits d'Obi-Wan Kenobi et de Yoda se tiennent aux côtés de celui de son père, redevenu Anakin Skywalker.

LE BONHEUR DANS LA GALAXIE

À la nuit tombée, de nouvelles explosions emplissent le ciel d'Endor – mais ce sont des feux d'artifice, non plus des armes. Toutes les planètes de la galaxie fêtent ensemble la chute du tyrannique Empire.

Par son sacrifice, Anakin a pu rejoindre la Force sous l'apparence qu'il avait avant sa chute.

VI LE RETOUR DU JEDI

LE CERCLE DES AMIS
Au village des Ewoks on n'a jamais vu ça : des pilotes de l'Alliance dansent avec des Wookies, tandis que des feux de joie et des chants de victoire montent dans le ciel étoilé.

LES HÉROS SONT RÉUNIS.
La restauration de la République ne se fera pas sans douleurs, mais pour l'heure les héros de la Rébellion savourent leur victoire.

LA GALAXIE EN FÊTE

- L'Édition Spéciale de 1997 incluait des fêtes sur Tatooine, Bespin et Coruscant (pour la première fois à l'écran). L'idée était déjà dans l'air lors du tournage du film original, mais elle avait été abandonnée.
- L'édition 2004 du DVD a inclus Naboo parmi les planètes qu'on voit en pleines réjouissances.

Obi-Wan et Yoda ont appris à ne faire qu'un avec la Force en rejoignant l'esprit de Qui-Gon Jinn.

INDEX

COMMENT UTILISER CET INDEX

Les personnages sont listés sous leur nom le plus utilisé. Ainsi, Padmé Amidala se trouve à « P ». Les personnages dont le nom comporte un titre apparaissent à l'initiale de ce titre. Ainsi, Darth Vader est à « D ».

LISTE DES ÉPISODES : Épisode I : *La menace fantôme* Épisode II : *L'attaque des clones* Épisode III : *La revanche des Sith* Épisode IV : *Un nouvel espoir* Épisode V : *L'Empire contre-attaque* Épisode VI : *Le retour du Jedi*

REMERCIEMENTS

Chez Dorling Kindersley
Édition : Simon Beecroft, Julie Ferris, Laura Gilbert, Scarlett O'Hara, Beth Davies
Direction artistique : Lisa Lanzarini, Maxime Pedliham, Owen Bennett
Fabrication : Alex Bell, Siu Yin Chan
Graphisme : Dynamo Limited
Remerciement à Vanessa Bird pour l'index

Chez Lucasfilm
Directrice de publication : Carol Roeder
Édition : J.W. Rinzler
Direction artistique : Troy Alders
Gardien de l'Holocron : Leland Chee
Gravure : Alta Image UK

Première publication de ce livre en 2014 chez Dorling Kindersley Ltd. sous le titre *STAR WARS IN 100 SCENES*.

Édition française

Traduction : Alain Clément

L'éditeur remercie Éric Charton et Loui Clément de leur aide.

25 avenue Pierre de Coubertin, 75013 Paris,
Canada exclu.
Direction éditoriale : Véronique Herbold
Mise en pages : Pascale Coulon

Loi n° 49-956 du 16 juillet 1949 sur les publications destinées à la jeunesse, modifiée par la loi n° 2011-525 du 17 mai 2011.
N° d'éditeur : 10204965
ISBN : 978-2-09-255575-0
Dépôt légal : Octobre 2014
Achevé d'imprimer en juin 2014
par Hung Hing, Hong Kong, Chine

www.nathan.fr
www.starwars.com